# VEGANO SEM FRESCURA

*comida de verdade*
em mais de 100 receitas de arrasar

EDITORA
ALAÚDE

Copyright © 2014 Thug Kitchen LLC
Copyright da tradução © 2016 Alaúde Editorial Ltda.
Título original: *Thug Kitchen – Eat Like You Give a F*ck*

Todos os direitos reservados. Nenhuma parte desta edição pode ser utilizada ou reproduzida – em qualquer meio ou forma, seja mecânico ou eletrônico –, nem apropriada ou estocada em sistema de banco de dados sem a expressa autorização da editora.

O texto deste livro foi fixado conforme o acordo ortográfico vigente no Brasil desde 1º de janeiro de 2009.

EDIÇÃO ORIGINAL: RODALE BOOKS
Projeto gráfico: Kara Plikaitis
Ilustrações e caligrafia: Nick Hensley Wagner
Fotografias: Thug Kitchen
PRODUÇÃO EDITORIAL: EDITORA ALAÚDE
Coordenação editorial: Bia Nunes de Sousa
Tradução: Gabriela Erbetta
Revisão: Claudia Vilas Gomes, Rosi Ribeiro Melo
Adaptação de capa: Rodrigo Frazão

Impressão e acabamento: EGB – Editora e Gráfica Bernardi Ltda.

1ª edição, 2016
Impresso no Brasil

Dados Internacionais de Catalogação na Publicação (CIP)
(Câmara Brasileira do Livro, SP, Brasil)

---

Vegano sem frescura: comida de verdade em mais de 100 receitas de arrasar / Thug Kitchen; [tradução Gabriela Erbetta]. — São Paulo: Alaúde Editorial, 2016.

Título original: Thug Kitchen: eat like you give a f*ck
ISBN 978-85-7881-366-6

1. Culinária vegetariana  2. Receitas  3. Veganismo
I. Thug Kitchen.

16-03788                           CDD-641.5636

---

Índices para catálogo sistemático:
1. Receitas vegetarianas : Culinária 641.5636

2016
Alaúde Editorial Ltda.
Avenida Paulista, 1337, conjunto 11
São Paulo, SP, 01311-200
Tel.: (11) 5572-9474
www.alaude.com.br

Compartilhe a sua opinião sobre este livro usando a hashtag #VeganoSemFrescura nas nossas redes sociais:

 /EditoraAlaude   /EditoraAlaude   /AlaudeEditora

"O único empecilho verdadeiro é o medo do fracasso. Na cozinha, você precisa adotar uma atitude de quem não está nem aí."

—Julia Child

**O CAMINHO DAS PEDRAS**

  8  QUE DIABOS É ISTO?

29  **CARPE DIEM, CARAMBA!**
      **Café da manhã**

59  **COMIDA A JATO**
      **Saladas, sandubas e refeições rápidas**

111  **PARA AQUECER A ALMA**
      **Sopas e ensopados**

**135 OS PETISCOS**
Salsas, bebidas e coisinhas para beliscar

**169 O GRANDE LANCE**
Burritos, cumbucas e outras refeições do cacete

**209 PAPO DOCE**
Confeitaria e sobremesas pra arrasar

233 AGRADECIMENTOS
234 ÍNDICE REMISSIVO

# Que DIABOS é isto?

Isto aqui é um sinal de alerta para quem desvia da seção de hortifrúti do supermercado. Para quem está com bolhas nos dedos de tanto ligar para o delivery. Para quem considera ketchup e molho de pizza como vegetais. Para todo mundo que quer se dar melhor, mas se perde em meio a tanta bobagem.

Bem-vindo ao Thug Kitchen, parceiro. Estamos aqui para ajudar. Nosso blog foi lançado para inspirar você a comer um pouco mais de vegetais e a adotar um estilo de vida saudável. Nosso lema é simples:

## COMIDA DE VERDADE, PORRA

E por que não? Cara, você come três vezes por dia. Parece razoável que você pare para pensar no que está comendo. Mas por que a transição entre o delivery e a comida caseira parece tão impossível? Talvez seja porque as pessoas que dizem a você como preparar alimentos saudáveis soem grotescamente falsas. Existe uma aura elitista em torno da boa alimentação e, por isso, muita gente costuma associar saúde a riqueza. Quando estávamos aprendendo a cozinhar, não conseguimos nos identificar com esse bando de blogueiros bonitos em suas cozinhas enormes destilando poesia sobre o pólen de erva-doce ao mesmo tempo em que preparavam molhos cheios de cogumelos chanterelle.

**DANE-SE. TUDO. ISSO.
A gente vive no mundo real.**

Não precisamos de teorias para explicar por que as pessoas trocam refeições caseiras por comida pronta; a gente já passou por isso. Crescemos como a maioria dos americanos: o jantar nunca levava mais do que 10 minutos para ficar pronto e tudo girava em torno de carne e abusava de queijo. Aceitamos a ideia de comer porcarias porque a gente achava que comida era assim. Com nossos pais ocupados com o trabalho e nossa atenção voltada para as Tartarugas Ninja, não demos a mínima para aprender a cozinhar. Era uma época em que as empresas tingiam o ketchup de roxo e verde-petróleo em função das campanhas de marketing que inventavam. Os pacotes de batata frita traziam um alerta na embalagem dizendo que o óleo podia causar disenteria. Que zona, hein? Foram dias de trevas para os alimentos. A gente não acreditava que tinha tempo ou dinheiro suficiente para aprender a cozinhar de verdade, então comia toda aquela barbaridade. Portanto, não crescemos em cabanas cobertas de grama em uma comunidade hippie. Somos iguais aos seus colegas de escola, só que, em algum momento no meio do caminho, aprendemos a comer direito. Você também consegue.

A virtude sem provação não é virtude nenhuma — ou qualquer outra bobagem do gênero, falou?

Você pode até cozinhar, mas acaba deixando as hortaliças de lado a cada jantar. Legumes e verduras ainda tentam se livrar da má fama que ganharam. A gente se identifica com você. Enquanto os mauricinhos ridículos começavam a descobrir brotos de verduras e urtigas, a gente ainda se virava com ervilha congelada e alface-americana. Nenhum de nós sabia como preparar uma hortaliça sem que ficasse com gosto de meia de ginástica encharcada, então achamos tudo uma desgraça. Olha só: cozinhar verduras leva menos de 1 minuto e requer um pouco de sutileza, mas não é como física quântica. É mais fácil saltear couve com um pouco de alho do que comer pedaços de pizza sem queimar a porra da língua. Você é que não tentou.

À medida que aprendemos a nos virar na vida adulta — tirando carta de motorista, pagando impostos e pilotando o aspirador de pó —, começamos a nos perguntar por que evitávamos a cozinha e as refeições de verdade. Claro, teríamos que trabalhar para isso e provavelmente iríamos queimar alguma coisa e estragar o jantar inteiro, mas a gente merecia mais do que uma lasanha congelada deprimente. Aos poucos, mas com muita vontade, começamos a aprender a fazer compras dentro de um orçamento limitado e a preparar refeições simples e saudáveis. Quando fomos morar sozinhos e não dava pra pagar TV a cabo para nos distrair, levamos a coisa a sério. Nossos amigos ficaram impressionados mesmo com os pratos mais simples que fazíamos para eles e então começamos a pensar: por que isso não é acessível para todo mundo? Nem é tão difícil assim. Depois de muita prática, estamos aqui para mostrar o caminho e ajudar você a ganhar tempo.

**Não entendemos por que comer alimentos saudáveis e de verdade precisa ser TÃO DIFÍCIL.**

Hoje em dia, tentar fazer a coisa certa em relação a seu corpo e seu paladar parece algo do outro mundo, sujeito a diversas críticas, mas não deveria ser assim. Ninguém deve pedir desculpas por tentar tomar conta de si mesmo ou por batalhar para alimentar a família de um jeito melhor. Você não precisa ser um esnobe para prestar atenção no que come. A gente tem que começar a se tratar bem, porque ninguém mais vai dar a menor bola. Decidimos botar a boca no trombone e dizer às pessoas que ninguém é dono da verdade a respeito da melhor maneira de comer. Considere este livro como um convite para aprimorar sua vida na cozinha e seu consumo de nutrientes. Não importa quem você seja ou de onde venha, é bem-vindo a nossa mesa e a essa conversa sobre alimentação. Essa droga começa a ficar séria. Pegue aí uma cadeira e junte-se a nós.

Ninguém quer comer grama cortada ou raiz de árvore, mas todo mundo sabe que esse monte de fast-food e alimentos processados não faz bem para nossa conta bancária — nem para nossa cintura. É impossível pedir o jantar pelo telefone e recebê-lo poucos minutos depois sem que haja alguma desvantagem para você. Nós realmente precisamos renegociar esses esquemas, porque estamos nos ferrando. Não dá pra bancar. Hoje em dia, 42% das casas americanas gastam o orçamento alimentar em comida comprada fora. Nada fácil se você faz isso todo dia, certo? Tem outra, sejamos honestos: ninguém está pedindo salada. Todo aquele sódio e colesterol não ajudam em nada e a falta de fibras vai causar sérios problemas à sua digestão. É, acorde e comece a levar isso a sério. No mínimo, leve a sério por causa de seu intestino, pois vocês sempre foram íntimos.

Você já sabe que precisa comer mais verduras e legumes. Qual é o problema? Eles não apenas são deliciosos quando preparados de maneira adequada, mas ainda trazem um bem enorme. Esses alimentos milagrosos estão repletos de vitaminas, minerais, antioxidantes, fibras e uma série de outras riquezas sem aquele monte de calorias vazias que entopem seu intestino. Em nenhum delivery ou prateleira de supermercado você vai encontrar uma refeição embalada em plástico que se compare a isso. Nos Estados Unidos, a média de consumo calórico aumentou quase 25% entre as décadas de 1970 e 2000 e temos certeza de que não foi por causa de brócolis e espinafre. Frutas e hortaliças saciam e não te enchem daquelas gordurinhas extras que depois você fica lutando para eliminar. Pesquisas mostraram que quem come mais de cinco porções de frutas e hortaliças por dia tem 20% menos chance de desenvolver doenças cardíacas quando comparadas a pessoas que consomem apenas três ou menos porções. Quanto do que está em seu prato corresponde a verduras e legumes? Largue esse saquinho de batata frita e reflita sobre isso.

Tá bom, então refeições à base de hortaliças são "boas" para você, mas então qual é o próximo passo? A gente é muito pragmático pra te deixar boiando. Este livro traz uma coleção de nossas refeições, petiscos e acompanhamentos mais queridos tanto para quem está começando a cozinhar quanto para quem já sabe se virar direito em uma feira orgânica. Algumas receitas trazem informações sobre toda a bagaça nutritiva para que você aprenda alguma coisa enquanto come. Mais ou menos como você costumava fazer ao ler o pacote de biscoito, só que sem aquele bando de bichos vestindo camiseta, mas sem as calças. Vamos dar as informações e ensinar as técnicas necessárias para que você arrase — o livro foi pensado para transformá-lo no rei da cozinha e as próximas páginas serão seu guia para aprimorar habilidades. Sem sermão e sem bobagens: apenas um punhado de

receitas com ênfase nas hortaliças, entremeadas com um monte de palavrões e uma pitada de conselhos saudáveis para equilibrar.

A gente gosta de se divertir na cozinha — e você também vai gostar. Quando acabarmos, você terá se tornado um puta cozinheiro.

## VAMOS COMEÇAR LOGO.

# Parabéns, porra!

Você tem em mãos o primeiro ingrediente necessário para se transformar em um fodão da cozinha. Todas as informações gerais estão aqui, na sua frente, para que você compreenda os aspectos básicos e possa partir para as receitas. Gostaríamos de aparecer e dar uma mãozinha no jantar, mas você não convidou a gente, então que se dane.

A primeira regra é: leia a receita. A segunda? LEIA A PORCARIA DA RECEITA. Faça o favor de ler tudo do começo ao fim antes de começar a cozinhar. Dê um tempo e confira qualquer detalhe que possa te confundir. Tire as dúvidas antes de queimar tudo e começar a entrar em pânico. Nada é pior do que chegar a um ponto crucial da receita e perceber que precisa de um utensílio que está sujo, dentro da pia, ou não saber se é possível substituir farinha de trigo por farinha de arroz, isso enquanto você corre de lá pra cá e a comida começa a queimar. Não basta só passar os olhos pela receita e achar que entendeu tudo. Poupe-se do estresse e leia essa droga inteira. Se você está começando, dedique um minuto para aprender.

### Preste. Atenção. Nisso.

Quando você medir ingredientes, cheque duas vezes. Existe uma diferença enorme entre ½ colher (chá) e ½ colher (sopa) de sal. Uma vai completar um jantar incrível e a outra vai te deixar diante de um prato de arrependimento. E, sim, às vezes suas xícaras medidoras estarão sujas e você ficará tentado a medir a olho, só por preguiça. Eis uma tabela de equivalência para você não botar tudo a perder:

1 xícara = 16 colheres (sopa) = 240 ml
½ xícara = 8 colheres (sopa) = 120 ml
⅓ de xícara = 5 colheres (sopa) + 1 colher (chá) = 80 ml
¼ de xícara = 4 colheres (sopa) = 60 ml
⅛ de xícara = 2 colheres (sopa) = 30 ml
1 colher (sopa) = 3 colheres (chá) = 15 ml

E você sabia que medidas líquidas não são iguais a medidas de ingredientes secos? Ridículo, certo? Se você tentar medir 1 xícara de água naquela concha de medir farinha, vai obter menos líquido, porque não dá pra encher até em cima sem derramar. Para líquidos, adote uma jarra medidora de vidro, que você encontra em qualquer loja. Cada coisa em seu lugar e pode seguir em frente.

## Você faz suas escolhas

Agora que você já aprendeu a medir ingredientes, saiba que receitas são apenas um guia. Na boa, a gente escreveu essa droga para que qualquer um possa identificar o que está em seu prato, mas você é quem sabe do que gosta. Prove enquanto cozinha — e não apenas antes de servir, quando é tarde demais para mudar alguma coisa. Se achar que precisa de mais tempero, junte mais tempero. Mais sal, adicione mais sal. Respingue um pouco de molho de pimenta ou polvilhe pimenta-do-reino. Você conhece seu gosto. Confie em você. Mas pegue leve, porque não é possível tirar o tempero depois de acrescentá-lo — mas sempre dá para colocar mais. Transforme cada receita em sua; se preciso, escreva nestas páginas. A gente não dá a mínima. O livro é seu. ARRISQUE, SE JOGUE.

## Outras combinações

Em diversos trechos do livro, damos ideias de substituições caso você não encontre algum produto ou não queira sair de casa e ir ao mercado só para comprar uma porcaria de ingrediente. São as trocas mais comuns em que pensamos, mas há infinitas opções. Fique à vontade para experimentar e substituir por conta própria, mas use o bom senso. Não tem molho de tomate? Sem problema, é só... LARGUE ESSA DROGA DE KETCHUP. NÃO. NÃO É A MESMA COISA. Como dizíamos, bata um pouco de tomate picado no liquidificador. Pense a respeito do que vai fazer. Quando fizer trocas, leve em conta que ingredientes distintos pedem tempos de cozimento diferentes e podem ter mais ou menos líquido — o que é capaz de alterar a consistência ou o sabor do prato. Também reflita sobre o papel do produto que você vai substituir. É o ingrediente principal? Um tempero? Recheio? Ao parar para pensar, você vai perceber que não dá para usar manjericão em lugar do espinafre na salada porque o espinafre é o sabor principal, mas é possível trocar manjericão por espinafre quando fizer pesto porque a erva é apenas um dos elementos que constroem o sabor. Vá com calma e tenha bom senso.

### Rumo ao desconhecido

Se você não gosta de algum alimento — sei lá, cogumelos —, não faça uma receita em que ele seja o ingrediente principal. E não pense que o prato ainda vai ficar bom se você deixar de fora algo importante. Não vai dar certo em receita nenhuma. NUNCA. Ou você tenta viver sem isso (seja forte) ou troque por alguma outra coisa e corra o risco por sua conta. Se vai inovar, assuma seus erros, assim como as suas conquistas. E nem pense em mandar um e-mail pra gente dizendo que você trocou pimentão por banana e ficou desapontado com o sabor.

**VOCÊ É RESPONSÁVEL POR SUAS CAGADAS, NÃO A GENTE. Aceite.**

E anote qual foi o seu erro pra nunca mais repetir outra vez.

Tendo dito isso tudo, cozinhar não é nenhuma ciência difícil como física quântica. Você come todos os dias. Você deve saber o que rola. Basta prestar atenção quando estiver na cozinha, confiar em seu paladar e não acrescentar nada muito diferente sem pensar primeiro. Vai dar certo. Depois de treinar um pouco, não será mais preciso dar um duro tão grande e o jantar ficará pronto em minutos. Você vai arrebentar.

Então você está pronto para começar, mas quando abre o armário descobre que não há nada além de um conjunto de pequenos sachês com temperos de quase todo fast-food que faz entregas perto de sua casa. Vamos consertar isso. Jogue fora os sachês de ketchup e mostarda. Você não precisará deles.

# Do que DIABOS você precisa na cozinha?

## Ferramentas básicas para arrasar

Você precisa de alguns utensílios simples para aprontar o jantar, mas não é obrigado a ter um monte de coisas caras. Ah, preciso gastar rios de dinheiro nesta fôrma de gelo japonesa porque as bebidas ficam mais saborosas com o gelo redondo? Vá se ferrar, loja extorsiva! Não vamos comprar seus produtos. Que raios, dá para conseguir diversos itens desta lista em lojas de 1,99 ou na feira. Quem diabos precisa de um fatiador de abacate? Alguém sem noção, só pode. Confie na lista básica e você estará pronto para cozinhar quase tudo.

### Utensílios básicos

- abridor de latas
- descascador de legumes
- colheres medidoras
- xícaras medidoras para líquidos e para ingredientes secos
- escorredor
- peneira (para lavar e escorrer coisas pequenas, como arroz)
- 2 tábuas de cortar, uma para hortaliças e outra para frutas (cortar uma maçã logo depois de picar cebola vai estragar tudo, acredite)
- faca grande (com 15 a 20 cm é bacana. Mantenha essa porra afiada.)
- 3 tigelas – grande, média e pequena
- ralador
- frigideira grande ou wok
- caldeirão
- colher de pau
- 2 espátulas (uma angular, para virar coisas como panquecas, e uma de borracha, para massas e preparos líquidos)
- liquidificador ou mixer de imersão
- papel antiaderente (não confunda com papel-vegetal, que vai arruinar sua refeição)
- assadeira com bordas
- refratário (do tipo que você usaria para assar lasanha)

### Opcionais, mas incríveis e úteis

- processador (um pequeno não é caro e pica os ingredientes como a gente)
- faca pequena para descascar legumes e frutas
- rolo de massas
- grelha ou bistequeira (frigideira com ranhuras)

## Ingredientes básicos

### Na despensa

- azeite de oliva: usamos o extra virgem porque compramos em tonéis, mas o azeite virgem também funciona e é mais barato
- óleo de sabor neutro: milho, girassol, gergelim, semente de uva ou coco
- molho de soja ou tamari
- alguns tipos de molho picante de sua preferência: picles, chucrute e um bom molho de pimenta são uma boa combinação para manter na despensa
- um tipo de pasta de oleaginosas: manteiga de amendoim, de amêndoa, tahine, coisas assim
- vinagre de arroz
- outro tipo de vinagre de seu gosto: maçã, vinho tinto, balsâmico, vinho branco, qualquer um que você encontrar
- seu tipo de grãos favoritos: nós nunca ficamos sem arroz cateto integral (aquele de grãos curtos)
- seu tipo de massa preferida: algo ao estilo italiano, como parafuso ou espaguete, e noodles à moda japonesa, como sobá ou udon, são ótimos para manter por perto
- tomate pelado em lata, sem sal
- seus feijões preferidos, secos e enlatados: gostamos de cozinhar o feijão em casa, mas às vezes você chega tarde do trabalho e precisa de ajuda; não vamos julgar, compre os dois
- caldo de legumes comprado pronto

### Ervas e especiarias básicas

- tempero pronto sem sal, de qualidade
- manjericão
- pimenta-do-reino preta
- pimenta-de-caiena
- pimenta em pó
- mistura de 5 especiarias chinesas (ver pág. 96)
- canela
- cominho
- alho em pó (em flocos também é bacana)
- orégano
- sal
- páprica defumada
- tomilho

### Hortaliças básicas

- cebolas
- cabeças de alho
- limão-siciliano e limão-taiti
- cenouras
- algum tipo de verdura, como espinafre, couve ou alface

Com o tempo, você terá tudo isso em casa. E não se preocupe caso ainda não esteja equipado logo no primeiro mês. Nós levamos alguns anos para deixar os armários em ordem. Você logo estará fazendo pratos incríveis mesmo com apenas uma faca, uma colher e uma tigela. A gente te conhece: você é safo pra caramba.

### <<< Despensa equipada

Não é preciso sair correndo agora e gastar o salário inteiro nisso tudo. Sim, parece muita coisa, mas você vai abastecendo a despensa à medida que cozinha pratos novos e compra um punhado de produtos básicos. Quanto mais cozinhar com esses itens, mais baratas ficam suas refeições. Tá certo, você vai gastar uma grana em um vidro de cominho em pó, mas dura por meses e meses antes de acabar. Dê uma olhada na lista à esquerda e fique de olho para ver quando há algo em promoção. Se conseguir manter a maioria desses produtos em casa, será capaz de preparar algo para comer mesmo quando a geladeira estiver vazia.

De vez em quando, você pode querer aprender algo básico sem encarar uma receita longuíssima.

## E COMO FAZER ISSO?

A gente entende. A seguir, juntamos toda a informação necessária para preparar feijão ou cereais sem aquele trabalhão todo. Consulte estas páginas sempre que encontrar uma receita que peça feijões cozidos ou que sugira um acompanhamento de grãos. É uma boa ideia preparar em maior quantidade e manter na geladeira ou no freezer para que o jantar saia rápido quando você chegar em casa se arrastando do trabalho.

### O básico do feijão e do grão-de-bico

Preparar uma panela de feijão é uma das coisas mais simples que você pode fazer na cozinha. Basta um pouco de paciência. Os passos são os mesmos, independentemente do tipo — só muda o tempo de cozimento. Eis algumas diretrizes, mas confie em seu paladar. As leguminosas ficam prontas quando pelo menos cinco grãos estiverem macios e cozidos por inteiro. Não prove apenas um, pois eles podem mentir. Mantenha no fogo pelo tempo necessário. Simples assim.

Em primeiro lugar, escolha os grãos secos e jogue fora os que parecerem estragados. Lave os restantes. Ponha em um escorredor grande e cubra com um

pouco de água. Eles incham à medida que hidratam e você não quer que nada derrame. Deixe da noite para o dia ou por pelo menos 4 horas. Isso ajuda a diminuir o tempo de cozimento. Coloque de molho na hora em que sair para o trabalho e esteja pronto para cozinhar na volta.

Na hora do preparo, escorra a água e transfira os feijões para a panela. Dá para juntar um pouco de cenoura, cebola, salsão ou folhas de louro para incrementar o sabor, mas não é fundamental. Cubra com água fresca — cerca de três vezes o volume dos grãos. Cozinhe, sem tampar, até ficarem macios. Nos últimos 10 minutos de cozimento, tempere com algumas pitadas de sal. Escorra o líquido restante, descarte quaisquer legumes desengonçados que estiverem na panela e guarde o feijão na geladeira (ou no freezer) para quando você precisar. Se preferir usar a panela de pressão, cozinhe por 15 minutos depois que a panela começar a chiar. Desligue o fogo e espere a pressão sair naturalmente antes de abrir a panela. Não precisa nem de abridor de lata.

Eis algumas informações básicas, mas lembre-se de que tudo muda de acordo com o tempo em que os grãos ficaram de molho e se são jovens ou não. Dica matemática: o feijão tende a triplicar de tamanho depois de cozido. Se quiser 1½ xícara de grãos cozidos (a medida-padrão do feijão em lata ou caixinha), comece com ½ xícara de grãos secos.

**Tempo médio de cozimento em panela comum**

- Feijão-preto – 1h a 1h30
- Feijão-fradinho – 1h
- Grão-de-bico – 1h30
- Feijão-roxinho – 1h30
- Feijão-branco – 1h a 1h30
- Feijão-carioquinha – 1h30 a 2h

## O básico dos cereais

Comparado aos feijões, o cozimento de cereais tende a ser bem mais rápido, mas é preciso prestar um pouco mais de atenção. Siga estas instruções para obter de 2 a 4 porções e se garantir. Se terminar o cozimento e ainda houver líquido na panela, basta escorrer — tire do fogo, ou os grãos ficarão empapados. Ou, caso a água acabe antes do cozimento, acrescente mais um pouco. Você não vai arruinar tudo, falou? Vai conseguir.

### Cevada

É um grão amendoado, de textura firme, e delicioso pra cacete. Além de fibras, está repleto de selênio, cobre e manganês — ou seja, o dinheiro que você gastou rende toneladas de nutrientes.

Na maioria das lojas existem dois tipos: a cevada e a cevadinha. A primeira demora mais para cozinhar, mas traz mais nutrientes que a segunda, que foi polida. A cevadinha é muito cremosa e mais fácil de ser encontrada — pode usar a que estiver à mão. Para a cevada, combine 1 xícara dos grãos com 3 xícaras de água e uma pitada de sal. Espere ferver, tampe e cozinhe por 40 a 50 minutos, até ficar macio. Use as mesmas proporções para a cevadinha, mas cozinhe sem tampar e comece a checar para ver se está pronto depois de 20 a 25 minutos.

### Cuscuz marroquino

Cozinha bem rápido, já que, tecnicamente, é uma massa, e não um grão. Vai se informar pra aprender. De qualquer modo, esses grãozinhos ficam prontos em 10 minutos. Coloque 1 xícara de cuscuz e uma pitada de sal em uma tigela com tampa. Junte 1¼ xícara de água fervente, misture e tampe. Não precisa aquecer, nada. Deixe por 8 minutos, solte os grãos com um garfo e sirva. Está pronto.

### Painço

Parece comida de passarinho, mas merece mais atenção na cozinha — fora que é barato pra caramba. Vale experimentar: é como se fosse uma mistura entre a quinoa e o arroz integral. Em uma panela média, em fogo médio, salteie 1 xícara de painço por cerca de 2 minutos, até desprender um aroma tostado. Junte 2 xícaras de água e uma pitada de sal. Cozinhe, tampado, até ficar macio, por 25 a 35 minutos.

### Quinoa

Algumas pessoas cozinham essas sementes repletas de proteína como se fosse arroz, mas outras tratam como se fosse macarrão. De qualquer maneira, lave bem os grãozinhos antes de cozinhar, caso contrário podem ficar amargos. Em uma panela média, ferva 2 xícaras de água com uma pitada de sal, junte a quinoa e cozinhe, sem tampar, por 15 a 20 minutos, até ficar macio. Escorra o líquido que restar.

### Arroz integral

Você pode achar que é um tipo de comida hippie saudável, mas tem muito mais nutrientes e sabor do que o arroz branco. Sempre mantemos um pouco na geladeira — e você devia fazer isso também, parceiro. Se você ainda pensa nesse ingrediente como acompanhamento, experimente o cateto, a versão de grãos curtos (abaixo). Essa maravilha amendoada e deliciosa vai fazer com que você se esqueça do arroz branco. Dá para cozinhar a variação de grãos longos da mesma maneira, mas deixe no fogo por mais 15 minutos e acrescente ½ xícara de água.

Sirva para acompanhar todo tipo de gostosuras, como o Curry de manga (pág. 186), ou como base para cumbucas (veja "Como montar uma cumbuca", pág. 202).

**4 PORÇÕES**

1 colher (chá) de azeite de oliva ou óleo de coco*
2 xícaras de arroz cateto integral
uma pitada de sal
3½ xícaras de água

**1** Em uma panela média, aqueça o azeite em fogo médio. Junte o arroz e refogue por cerca de 2 minutos, até desprender um aroma amendoado. Acrescente o sal e a água; misture. Espere ferver, reduza o fogo, tampe e cozinhe por cerca de 35 minutos, até que toda a água seja absorvida e o arroz esteja macio.

**2** Vai dizer que você ferrou a temperatura do fogo e o arroz está macio, mas ainda tem água na panela? É só escorrer, amigão. Ou ainda falta cozinhar os grãos, mas o líquido evaporou? Junte um pouco mais de água, diminua o fogo e vá em frente. Não vai surtar por causa de uma panela de arroz.

*O óleo é opcional, mas deixa o arroz com um sabor amendoado e delicioso. Você escolhe.*

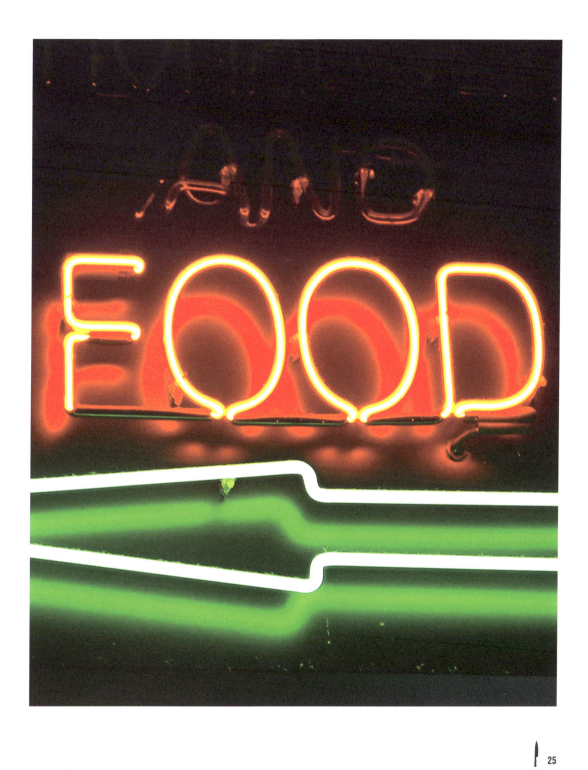

# CARACA, E A CARNE?

Se você já folheou estas páginas ou visitou nosso site, talvez tenha reparado que nossas receitas não incluem carne. Na verdade, não comemos nenhum produto de origem animal. Sabemos que isso parece estranho, mas ouça o que temos a dizer. De acordo com a Organização das Nações Unidas para a Alimentação e a Agricultura, os americanos consomem, em média, 122,5 quilos de carne por ano. É mais que o dobro do consumo máximo de proteínas recomendado pelo Departamento de Agricultura dos Estados Unidos: 56,5 quilos por ano. Basicamente, a maioria de nós come carne demais, sem variar as fontes proteicas. Então dá um tempo, a última coisa de que alguém precisa é de outro livro dizendo como preparar carne. Na certa você já domina isso.

Comer toda essa carne e outros produtos de origem animal, como queijo e ovos — deixando de lado frutas, hortaliças e grãos integrais — tem consequências. Não diga que não sabia disso. Você já leu sobre níveis de colesterol e outros assuntos do gênero, mas precisa ficar ligado em outras coisas. Pesquisadores na Universidade do Sul da Califórnia descobriram que quem tem uma dieta rica em proteínas de origem animal está quatro vezes mais propenso a morrer de câncer em relação a quem consome menos esse tipo de alimento. Eles acompanharam milhares de pessoas por vinte anos e perceberam, durante o estudo, que os mesmos adoradores de proteína animal corriam 74% mais riscos de morrer de QUALQUER COISA, não apenas câncer, em comparação às pessoas que seguiam uma dieta pobre em carne, queijo e ovos. É sério, cara. Talvez seja o caso de repensar que tipo de alimentos a gente consome com frequência.

E você acha que não consegue viver sem carne todos os dias? Saca só: também não dá para durar muito com ela, pelo menos não tanto quanto você poderia viver. Comer mais refeições baseadas em hortaliças não apenas protege sua saúde como permite variar a rotina do jantar. Sabemos que você cozinha as mesmas cinco coisas, e isso há anos. Chegou a hora de deixar de lado um pouco daquela carne, queijos e ovos e começar a inovar. Coma de verdade, porra. Seu corpo inteiro agradece. Agora, mãos à obra!

*carpe diem, caramba!*

CAFÉ DA MANHÃ

É MUITO CEDO PARA SER UM BABACA

## NA BOA, VOCÊ PRECISA DO CAFÉ DA MANHÃ

Você já ouviu esse papo um milhão de vezes, mas é verdade: o café da manhã é a refeição mais importante do dia. Pense que, quando acorda, você está sem comer há seis ou oito horas – algumas vezes mais, dependendo da porcaria que comeu no jantar da véspera. E você ainda acha que rola ficar sem comer até a hora do almoço? Pular o café não mostra apenas preguiça, mas provoca um estrago na sua saúde. A Escola de Saúde Pública de Harvard descobriu que fazer disso um hábito aumenta em 25% o risco de ter um enfarte ou sofrer de doenças cardíacas. Sim, "ai, que saco" é exatamente o que você deve estar pensando agora.

Quando você toma café da manhã, vai fazer decisões mais inteligentes na hora do almoço, em lugar de agarrar com desespero a primeira gororoba que aparecer pela frente, fazendo com que o nível de açúcar no sangue dispare. São atitudes idiotas como essas que levam ao diabetes e ao aumento de pressão arterial e colesterol, portanto é melhor controlar o nível glicêmico com a refeição da manhã. Também é uma boa oportunidade para ingerir sua dose diária de fibras, para ficar saciado. Coma direito, faça refeições menores e se alimente mais vezes, assim você não precisa se arrepender de alguma atitude babaca, como comer uma pizza inteira sozinho.

Ah, você não tem tempo nem sente fome quando acorda? Que desculpa mais esfarrapada! O café da manhã não demora tanto assim. Claro, aqui tem um capítulo inteiro com receitas campeãs, mas sabe o que mais dá pra comer? Sobras frias, que alimentam em segundos. Quem disser que você não pode comer espaguete de manhã é um invejoso. E desde quando não ter fome impede alguém de mandar bala? Você nunca atacou um pacote de batata frita só porque estava entediado? Ainda assim, uma torrada com manteiga de amendoim às 7h30 parece muita coisa? Não me venha com essa.

# MINGAU DE AVEIA COM QUINOA

A fibra da aveia ajuda a controlar o nível glicêmico e mantém você saciado até a hora do almoço. A quinoa acrescenta um pouco de proteína às manhãs — por que não? Comece o dia aproveitando isso tudo. Sirva o mingau com frutas frescas, nozes, maple syrup, açúcar mascavo, qualquer coisa que sustente.

**4 PORÇÕES**

**1** Aqueça a água em uma chaleira ou no micro-ondas, quase até ferver. Coloque a quinoa em uma peneira e lave, para não ficar amarga depois de cozida.

**2** Em uma panela, aqueça o azeite em fogo médio. Junte a aveia e mexa por cerca de 2 minutos, até sentir um cheiro tostado. Acrescente a quinoa e a água quente; espere ferver. Isso não deve demorar muito, porque a água já tem que estar quente pra caramba.

**3** Quando ferver, reduza o fogo e cozinhe sem tampar. Vai lá ver o Instagram ou o Facebook enquanto isso – uns 25 a 30 minutos. Os grãos não devem ficar duros, mas al dente. Junte o sal e o leite de amêndoa e desligue o fogo.

**4** Você adora cochilar mais um pouquinho depois que o despertador toca? Prepare a receita em dobro e aqueça as sobras durante o resto da semana.

4 xícaras de água
½ xícara de quinoa
1 colher (chá) de azeite de oliva ou óleo de coco
1 xícara de aveia em flocos
uma pitada de sal
½ xícara de leite de amêndoa

# CHILAQUILES DE TOFU E LEGUMES

É um senhor café na manhã no dia seguinte a uma balada. Se a cabeça ainda dói e o estômago está revirado, estes chilaquiles botam tudo no lugar.

4 A 6 PORÇÕES

12 tortilhas de milho
2 colheres (chá) de azeite de oliva
1 tofu de consistência macia*
2 colheres (chá) de molho de soja ou tamari
1 colher (chá) de alho em pó
¼ de xícara de levedura nutricional**
½ cebola média picada
1 pimentão vermelho, amarelo ou verde picado
1 ou 2 pimentas jalapeño picadas
2 dentes de alho picados
2 a 3 xícaras de espinafre fresco
2½ xícaras de salsa verde***
¼ de xícara de caldo de legumes ou água
Coberturas: abacate, coentro, pimentas jalapeño e pico de gallo (vinagrete)

*Você deve comprar o tofu embalado em água, na seção refrigerada do mercado – por isso, é preciso escorrer antes de começar a cozinhar.*

**Que diabos é isso? Veja a pág. 38.*

***Veja a receita na pág. 154 ou compre pronta, caso bata uma preguiça.*

**1** Aqueça o forno a 200 °C. Corte as tortilhas em oito fatias, como se fosse uma pizza. Espalhe os pedaços em uma assadeira e leve ao forno por 15 a 20 minutos, para secar. Vire na metade do tempo. Está bom quando começar a ficar firme em alguns pontos – mas não vá deixar queimar.

**2** Enquanto isso, pegue uma frigideira grande e faça o seguinte: aqueça metade do azeite em fogo médio e esmigalhe o tofu por cima. Pode ficar um pouco aguado, mas não se preocupe – imagine que são ovos mexidos moles. Junte o molho de soja e o alho em pó; cozinhe por cerca de 2 minutos, até que um pouco da água evapore. Acrescente a levedura nutricional, desligue o fogo e transfira o tofu para uma tigela. Limpe a frigideira com papel-toalha e leve de volta ao fogo, porque ainda não terminou.

**3** Aqueça o azeite restante em fogo médio. Junte a cebola, o pimentão e a pimenta jalapeño. Refogue por 3 a 5 minutos, até a cebola começar a dourar. Adicione o alho e o espinafre e cozinhe por mais 30 segundos.

**4** As tortilhas assadas já devem estar prontas: jogue metade delas na frigideira com as hortaliças. Junte 1 xícara de salsa verde e 2 colheres (sopa) de caldo de legumes; misture. Distribua metade do tofu sobre tudo isso e faça outra camada com o restante das tortilhas. Cubra com o tofu, a salsa e o caldo restantes; com cuidado, misture para cobrir tudo. Preste atenção, porque um pedacinho de tortilha seco pode ser um pé no saco. Deixe tudo cozinhar por 5 minutos, para amolecer as tortilhas e evaporar o líquido. O cheiro disso aqui é capaz de tirar até o vagabundo mais preguiçoso da cama. Vai por mim.

**5** Sirva imediatamente, coberto com fatias de abacate, um pouco de coentro, mais pimenta jalapeño e pico de gallo. Não divida com ninguém – a menos que a pessoa esteja disposta a lavar a louça.

# GRANOLA BÁSICA COM MAPLE SYRUP E ALGUMAS OUTRAS IDEIAS

A maior parte das granolas industrializadas tem mais açúcar do que aveia. Por que, então, não comprar logo um pacote de chocolate granulado para o café da manhã? Se quiser algo doce, mas com substância, prepare esta receita e veja o que perdeu até agora.

**UM POUCO MAIS DE 5 XÍCARAS**

3 xícaras de aveia em flocos
½ xícara de semente de girassol*
½ xícara de amêndoa picada*
¼ de xícara de painço cru**
½ xícara de maple syrup***
⅓ de xícara de azeite de oliva
½ colher (chá) de extrato de baunilha
½ colher (chá) de canela em pó
½ colher (chá) de sal
½ xícara de cranberry desidratada****
(opcional)

**1** Aqueça o forno a 150 °C. Forre uma assadeira com papel antiaderente.

**2** Em uma tigela grande, misture a aveia, a semente de girassol, a amêndoa e o painço.

**3** Em outra tigelinha, misture o maple syrup, o azeite e a baunilha. Despeje sobre a mistura de aveia e mexa para cobrir tudo. Junte a canela e o sal; misture.

**4** Despeje tudo na assadeira e leve ao forno por 40 minutos. Mexa a cada 10 minutos, para assar por igual. Você saberá que está pronto quando tudo parecer meio tostado e a aveia estiver crocante, e não úmida. Se for usar alguma fruta seca, junte agora. Deixe esfriar na assadeira e guarde em recipiente de fecho hermético por até 2 semanas.

**5** Quer variar? Experimente essas combinações de nozes e frutas: amêndoa e damasco ou morango desidratado picado; nozes e pera ou figo seco; nozes-pecãs e cereja desidratada; amendoim e maçã ou banana desidratada. Use qualquer coisa que parecer muito boa.

*Basicamente, 1 xícara de suas castanhas preferidas.*

**Não tem painço? Dane-se, use mais aveia.*

***O maple syrup legítimo pode ser bem caro. Mas a granola também. Economize pra poder comprar coisa boa.*

****Ou qualquer fruta seca que você quiser.*

# COUVE MATINAL

Este acompanhamento feito em uma panela só é tudo o que um preguiçoso precisa de manhã. Se você tiver um tempinho, vai muito bem com Pãezinhos com recheio de lentilha (pág. 46).

**2 A 4 PORÇÕES COMO ACOMPANHAMENTO**

**1** Em uma tigela de vidro pequena, misture o caldo, o maple, a massa de tomate, a fumaça líquida e 1 colher (chá) do molho de soja e deixe essa belezura de lado um pouco.

**2** Em uma wok ou frigideira grande, aqueça o azeite em fogo médio. Esmigalhe o tempeh em pedaços médios e salteie por 2 a 3 minutos, até começar a dourar em alguns pontos. Agora regue com a mistura do caldo e cozinhe por cerca de 15 segundos. Junte o alho e o tempero; cozinhe por mais 30 segundos. Está quase pronto.

**3** Agora vamos à couve. Coloque essa bagaça sobre o tempeh, regue com o suco de limão e o molho de soja restante e misture tudo. Vai parecer que tem muita couve, mas respeite a receita, porra. Deixe cozinhar por cerca de 1 ou 2 minutos – você quer a verdura crocante e gostosa, não cozida até a morte. Sirva imediatamente.

*\* Que diabos é isso? Veja a pág. 38.*

- ¼ de xícara de caldo de legumes
- 1½ colher (chá) de maple syrup ou xarope de agave
- 1 colher (chá) de massa de tomate
- 1 colher (chá) de fumaça líquida*
- 2 colheres (chá) de molho de soja ou tamari
- 2 colheres (sopa) de azeite de oliva ou óleo de semente de uva
- 225 g de tempeh
- 2 dentes de alho picados
- 1½ colher (chá) de seu tempero pronto sem sódio preferido*
- 1 maço de couve cortado em tiras de 5 cm (cerca de 7 xícaras)
- 2 colheres (sopa) de suco de limão

Carpe diem, caramba!

# TACOS COM MEXIDO DE TOFU

Sirva com abacate, coentro fresco e sua salsa preferida. Oh, yeah.

**CERCA DE 8 UNIDADES**

1 maço pequeno de brócolis
1 pimentão vermelho
1 cebola
1 cenoura
4 dentes de alho
1 ou 2 pimentas jalapeño*
1 colher (sopa) de cominho em pó
1 colher (sopa) de pimenta vermelha em pó
2 colheres (chá) de orégano seco
2 colheres (chá) de azeite de oliva
1 bloco de tofu extrafirme
2 a 3 colheres (chá) de molho de soja ou tamari
2 colheres (sopa) de suco de limão ou limão-siciliano
1/3 de xícara de levedura nutricional**
2 colheres (chá) de seu molho de pimenta preferido
8 tortilhas de milho ou trigo aquecidas

**1** Pique os brócolis em pedaços do tamanho de uma moedinha, para obter cerca de 2 xícaras. Corte o pimentão em cubinhos e a cebola em pedaços do tamanho de ervilhas. Rale a cenoura naquele ralador que você pensa ter comprado há um tempão. Pique o alho e a pimenta jalapeño. Em uma tigela pequena, misture o cominho, a pimenta em pó e o orégano; reserve. Isso se chama PRÉ-PREPARO, parceiro.

**2** Agora você vai cozinhar. Em uma frigideira grande, aqueça o azeite em fogo médio. Junte a cebola e refogue até começar a dourar nas beiradas, por 3 a 5 minutos. Acrescente os brócolis e o pimentão e frite por 3 ou 4 minutos até começar a ficar macio, mas sem amolecer demais. Não cozinhe demais essa bagaça ou os brócolis vão ter gosto de madeira molhada. Agora adicione o alho e a pimenta jalapeño; salteie por cerca de 30 segundos.

**3** Enquanto essa lindeza toda cozinha, escorra o tofu e esprema para retirar o máximo de líquido possível. (Dá para usar apenas as mãos, não precisa enxugar essa coisa.) Esmigalhe sobre a frigideira, em pedaços de tamanho médio. Tudo bem deixar alguns pedacinhos – mas, à medida que você mexe, o tofu vai se desfazer, então é melhor começar com porções maiores para que diminuam, saca? Salteie por 2 a 3 minutos, misturando tudo. Se a frigideira parecer seca, junte um pouco de água e siga em frente. Regue a frigideira com o molho de soja e o suco de limão. Logo em seguida, acrescente a mistura de temperos, a cenoura e a levedura nutricional e mexa para incorporar. Cubra com o molho de pimenta, misture e distribua sobre as tortilhas. O café da manhã já está pronto, cara.

*Com a ardência que você aguentar. Tire as sementes para ficar menos picante.*

**Que diabos é isso? Veja a pág. 38.*

# TODO DIA É DIA DE TACO

# DICA ESPERTA

## INGREDIENTES ESTRANHOS PRA CACETE

### <<< LEVEDURA NUTRICIONAL

É uma coisa hippie nível máster. Trata-se de fermento inativo vendido em flocos que faz tudo ter um gosto meio de queijo. Tipo: como se fosse pó de Cheetos, só que saudável. O futuro chegou, meu povo. Está repleto de vitamina B12, ácido fólico, selênio, zinco e um pouco de proteína. Dá para encontrar em alguns mercados e na internet. Não é a mesma coisa que levedura para cerveja – e quem disser o contrário é uma porra de um mentiroso.

### FUMAÇA LÍQUIDA

A fumaça resultante da queima de lascas de madeira é coletada e, depois de fria, misturada com um pouco de água para produzir este potencializador de sabor. Basta usar um pouquinho, pois é bem forte; não exagere. A gente jura que fica perto dos molhos barbecue no supermercado – você nem olhou direito, então deixe de mimimi dizendo que não encontrou.

### TEMPERO PRONTO

Se você quiser preparar uma versão caseira de tempero pronto, misture em um pote com fecho hermético 3 colheres (sopa) de cebola em pó, 1 colher (sopa) de alho em pó, 1 colher (sopa) de páprica doce, 1 colher (sopa) de mostarda em pó, 1 colher (chá) de manjericão seco, ½ colher (chá) de pimenta-do-reino moída, ½ colher (chá) de sal de aipo, 1 colher (chá) de coentro em pó e uma pitada de noz-moscada.

# CUMBUCA DE ARROZ INTEGRAL COM EDAMAME E MOLHO TAMARI COM CEBOLINHA

Comida salgada no café da manhã é da hora e mais gente devia embarcar nessa. Esse prato básico vicia, então se liga. O arroz integral satisfaz pra caramba e o edamame enche a mesa de proteínas, e eles fazem você se sentir o rei da cocada.

**4 A 6 PORÇÕES**

**1** Prepare o molho: jogue tudo no processador ou no liquidificador e bata até ficar mais ou menos homogêneo. Você deve obter cerca de ⅔ de xícara.

**2** Para montar a cumbuca, coloque partes iguais de arroz e edamame em uma tigela e regue com 1 ou 2 colheres (sopa) de molho. Se não sentir muita fome de manhã, ½ xícara de cada deve ser suficiente. Para ficar crocante, polvilhe amêndoa em lascas. Dá pra deixar essa maravilha pronta no domingo à noite e apenas reaquecer, durante a semana, para o café da manhã.

*Grãos de soja verde com um sabor do cacete. Têm excelente textura e estão cheios daquelas coisas boas, como proteínas, ácidos graxos e toneladas de fibras: procure na seção de hortaliças congeladas do supermercado e mantenha o freezer cheio.*

**MOLHO TAMARI COM CEBOLINHA**

1 xícara de cebolinha picada
¼ de xícara de vinagre de arroz
2 colheres (sopa) de suco de laranja
4 colheres (chá) de óleo de gergelim torrado
1 colher (chá) de molho de soja ou tamari

1 receita de Arroz integral básico (pág. 24)
4 xícaras de edamame sem casca*
⅓ de xícara de amêndoa em lascas torrada (opcional)

Carpe diem, caramba!

## O BASICÃO

### FAÇA SUA PRÓPRIA MASSA DE PANQUECA

Não quer ficar medindo aquele monte de coisas toda vez que faz panquecas? A gente entende. Mas também não precisa comprar aquela mistura pronta supercara e cheia de açúcar que vem em pacotes. Separe alguns minutos e prepare diversas porções do seu próprio mix para manter na despensa e matar a vontade quando quiser.

    Isso requer um pouco de matemática básica, então preste atenção. A partir da receita de Panqueca integral de banana (página ao lado), sabemos que 12 panquecas pedem cerca de 2²⁄₃ xícaras de ingredientes secos. Beleza. Agora decida quantas porções de mix você quer guardar para mais tarde. Cinco? Dez? Não tem a menor importância: apenas multiplique a quantidade de todos os ingredientes secos por esse número e coloque em uma tigela grande. Misture tudo direitinho e transfira para um recipiente grande de fecho hermético. Está pronto, amigo.

    Na próxima vez em que quiser panquecas, pegue 2²⁄₃ xícaras dos ingredientes secos, junte 2 xícaras de leite e 1 banana amassada e siga o restante da receita. Simples assim. Quer apenas seis panquecas? Pegue 1¹⁄₃ xícara do mix e acrescente 1 xícara de leite e ½ banana. Dá pra fazer isso DE OLHOS FECHADOS, cara. Basta manter a proporção dos ingredientes secos e úmidos pra ficar pronto em um minuto. (Se você odeia banana, dá pra substituir por mais ¼ de xícara de líquido, mas não fica tão animal.)

# PANQUECA INTEGRAL DE BANANA

Sirva morna, com maple syrup legítimo (e não aquela porcaria com glucose de milho), mais um pouco de frutas frescas para acompanhar. Ah, você sabe como comer panqueca, porra.

**CERCA DE 12 UNIDADES, QUE VOCÊ PODE CONGELAR E COMER QUANDO QUISER**

**1** Em uma tigela grande, misture a farinha, o açúcar, o bicarbonato de sódio e o sal. Faça uma cavidade no centro e junte o leite e a banana amassada. Mexa até não restarem mais pontinhos de ingredientes secos – mas não enlouqueça por causa disso. Misturar demais deixa as panquecas duras, então pegue leve.

**2** Bem, você provavelmente sabe o que fazer quando a massa estiver pronta, mas caso esta seja sua primeira aventura com panquecas, continue lendo. Pegue uma frigideira ou chapa e aqueça em fogo médio. Unte levemente com um pouco de óleo e despeje um pouco de massa. Frite por cerca de 2 minutos, ou até aparecerem bolhas na superfície (isso significa que está cozida). Vire e frite o outro lado por 1 a 2 minutos, até dourar.

*\* Cerca de ⅓ de xícara.*

- 2½ xícaras de farinha de trigo integral ou comum
- 2 colheres (sopa) de açúcar refinado ou mascavo
- 2 colheres (chá) de bicarbonato de sódio
- ½ colher (chá) de sal
- 2 xícaras de leite vegetal (por exemplo, de amêndoas)
- 1 banana pequena, amassada\*
- óleo de semente de uva ou de coco, para fritar as panquecas

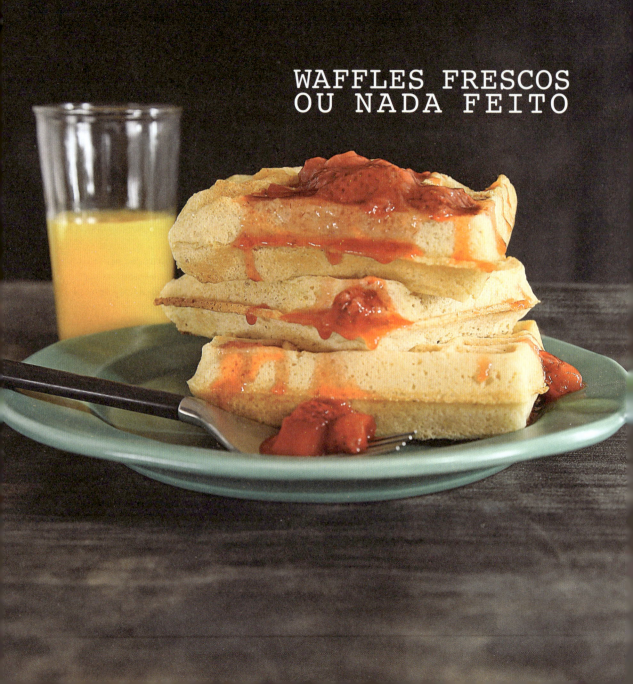

# WAFFLES DE MILHO COM CALDA DE MORANGO

A farinha de milho nesta receita dá o toque a mais que determina o padrão de excelência dos waffles.

**4 UNIDADES GRANDONAS, MAS ISSO VARIA DE ACORDO COM O APARELHO**

**1** Primeiro, prepare a calda: corte e jogue fora as hastes dos morangos e pique o resto em pedacinhos. Coloque em uma panela pequena com o restante dos ingredientes e aqueça em fogo médio-baixo. No início, pode parecer que não há líquido suficiente para formar uma calda, mas os morangos dão conta do recado à medida que cozinham. Acredite. Misture e deixe borbulhar. Cozinhe por 15 a 20 minutos, mexendo a cada minuto, até engrossar e o líquido começar a evaporar. Desligue o fogo.

**2** Enquanto a calda esfria, comece a preparar os waffles aquecendo a fôrma. Em uma vasilha pequena, misture o leite e o vinagre; reserve. Em uma tigela grande, misture as farinhas de milho e de trigo, o açúcar, o fermento, o sal e a canela. Faça uma cavidade no centro e junte o leite, depois o óleo. Mexa bem até eliminar os pontinhos de ingredientes secos e ficar com apenas algumas pelotas. Borrife um pouco de óleo sobre a fôrma de waffle preaquecida para essa coisa linda não grudar e encha com uma porção da massa. Cozinhe até dourar, de acordo com as instruções do fabricante do aparelho. Cubra com a calda de morango e sirva quente.

*Morangos frescos são melhores, mas dá para usar os congelados desde que você descongele essas joias antes de usar.*

*\*\* Junte as 4 colheres (sopa) se os morangos não forem muito doces ou se você quiser uma calda supermelada.*

*\*\*\* A mesma coisa usada em receitas de broa e bolo de fubá. Só não use farinha de milho em flocos e tudo bem.*

**CALDA DE MORANGO**

450 g de morango*
2 a 4 colheres (sopa) de açúcar **
¼ de xícara de suco de laranja
½ colher (chá) de extrato de baunilha

**WAFFLES**

2 xícaras de leite de amêndoa ou outro leite vegetal
1 colher (chá) de vinagre de maçã ou suco de limão
1½ xícara de farinha de milho fina ou fubá***
1 xícara de farinha de trigo comum ou integral
2 colheres (sopa) de açúcar mascavo
1½ colher (sopa) de fermento químico em pó
½ colher (chá) de sal
uma pitada de canela em pó
2 colheres (sopa) de óleo (semente de uva, azeite ou cártamo funcionam)
óleo para borrifar

Carpe diem, caramba!

# BARRINHA
## DE CAFÉ DA MANHÃ
# PARA VIAGEM

Em algumas manhãs, você precisa sair correndo numa pressa desgraçada. A gente conhece essa história. Tenha um pouco de iniciativa e prepare estes quebra-galhos no fim de semana — assim, basta abrir a geladeira e pegar uma barrinha para comer no caminho quando estiver atrasado.

**CERCA DE 10 UNIDADES**

- 2 xícaras de flocos de aveia
- ¾ de xícara de quinoa crua
- ¼ de xícara de painço cru
- 1¼ xícara de mix de nozes ou sementes*
- ½ xícara de cranberries (ou outra fruta) desidratadas
- ¼ de colher (chá) de sal
- ½ xícara de maple syrup
- ½ xícara de manteiga de amendoim ou de amêndoa
- ¼ de xícara de óleo de coco ou azeite de oliva
- 2 colheres (sopa) de açúcar refinado ou mascavo
- 1 colher (chá) de extrato de baunilha

**1** Aqueça o forno a 180 °C. Pegue uma assadeira de 23 x 33 cm e forre com papel antiaderente, deixando alguma sobra sobre as bordas. Vai ficar muito mais fácil tirar as barrinhas depois, quando esfriarem. Pense no futuro, cara, como se fosse gente grande.

**2** Aqueça uma wok ou frigideira grande em fogo médio-baixo e junte a aveia, a quinoa e o painço. Mexa por cerca de 3 minutos, até começar a soltar um aroma tostado. Enquanto isso, coloque as nozes e as cranberries em uma tigela grande. Acrescente os grãos tostados e o sal; misture essa coisa linda.

**3** Em uma panela pequena, junte o maple, a manteiga de amendoim, o óleo, o açúcar e a baunilha; aqueça até derreter. Misture bem para incorporar a manteiga de amendoim e retire do fogo. Despeje sobre os ingredientes secos e mexa para cobrir tudo.

**4** Despeje na assadeira e pressione com uma colher, para alisar e ter certeza de que essa maravilha está nivelada. Leve ao forno até parecer tostado, por 25 a 30 minutos. Espere esfriar em temperatura ambiente e coloque na geladeira. Quando estiver frio, corte as barrinhas. Melhor manter na geladeira.

*A gente gosta de ½ xícara de semente de abóbora, ½ xícara de semente de girassol e ¼ de xícara de amêndoa em lascas, mas faça como quiser.*

# PÃEZINHOS INTEGRAIS

Faça seus próprios pãezinhos, porque a porcaria industrializada é tão do mal como se tivesse saído do inferno. A comida não deveria ser embalada como se fosse uma banana de dinamite. Essa porra toda não é desse mundo.

**CERCA DE 8 UNIDADES**

**1** Aqueça o forno a 220 °C. Forre uma assadeira com papel antiaderente.

**2** Em uma tigela pequena, misture o leite e o vinagre; reserve.

**3** Peneire as duas farinhas, o fermento, o açúcar e o sal em uma vasilha média. Esmigalhe o óleo sobre essa mistura, uma colherada de cada vez; use os dedos e esfarele em pedacinhos pouco maiores que uma ervilha. Deve ficar parecido com a areia grossa de um playground vagabundo – sem os cacos de vidro. Faça uma cavidade no centro e despeje o leite. Mexa até obter uma massa grosseira, mas cuide para não misturar demais, ou os pãezinhos ficarão duros. Se a massa estiver muito seca e não se mantiver em uma bola, junte 1 ou 2 colheres (sopa) de leite.

**4** Vire sobre uma superfície enfarinhada e achate para obter um retângulo com cerca de 20 x 12 cm e uns 3,5 cm de espessura. Use a boca de um copo ou um cortador para obter o máximo de pãezinhos que conseguir e transfira para a assadeira – deve haver cerca de oito.

**5** Asse até que a parte de baixo esteja dourada, por 15 a 18 minutos. Espere esfriar um pouco antes de comer ou vá em frente e comece o dia queimando a boca, vacilão.

*A farinha de trigo integral tem textura e sabor semelhantes aos da comum, mas contém o farelo e o gérmen saudáveis. Se não encontrar, use a farinha comum mesmo.*

**\*\*** *É, isso mesmo. Se quiser um pão fofinho, é assim que tem de ser.*

**\*\*\*** *Precisa ser todo opaco e sólido como manteiga. Se estiver claro e derretendo, porque está calor, não vai funcionar. Deixe na geladeira até ficar firme.*

- 1 xícara de leite de amêndoa ou outro leite vegetal
- ½ colher (chá) de vinagre de maçã
- 1½ xícara de farinha de trigo integral*
- 1 xícara de farinha de trigo comum **
- 1 colher (sopa) de fermento químico em pó
- 2 colheres (chá) de açúcar
- ½ colher (chá) de sal
- ¼ de xícara de óleo de coco sólido***

Carpe diem, caramba!

# PÃEZINHOS COM RECHEIO DE LENTILHA

Colocamos a receita no capítulo do café da manhã, mas vamos ser sinceros — qualquer hora é boa para pãezinhos com recheio salgado. Sirva com a Couve matinal (pág. 35) para um prato realmente reforçado.

**4 A 6 PORÇÕES**

**RECHEIO DE LENTILHA**

1½ xícara de lentilha verde ou marrom
5 xícaras de água
sal
½ cebola pequena cortada em cubos
1 colher (chá) de azeite de oliva
1 colher (chá) de tomilho seco
2 dentes de alho picados
uma pitada de pimenta-do-reino moída
1 colher (sopa) de farinha de trigo
1 xícara de caldo de legumes
1 colher (chá) de molho de soja ou tamari
1 colher (chá) de páprica
½ colher (chá) de vinagre de vinho tinto

Pãezinhos integrais (pág. 45)

**1** Prepare o recheio: em uma panela, ferva a lentilha, a água e uma pitada de sal. Cozinhe por cerca de 40 minutos, até ficar macio e começar a se desmanchar. Enquanto espera, separe os outros ingredientes – ou faça tudo isso na noite anterior e mantenha na geladeira.

**2** Em uma frigideira pequena, em fogo médio, refogue a cebola no azeite por cerca de 3 minutos, até dourar nas bordas. Junte o tomilho, o alho e a pimenta e cozinhe por mais 30 segundos. Desligue o fogo.

**3** Quando a lentilha estiver cozida, escorra e descarte a água que restar e coloque de volta na panela. Em uma tigela pequena, misture a farinha ao caldo e acrescente à lentilha com o refogado de cebola, o molho de soja, a páprica e o vinagre. Bata com o mixer até ficar homogêneo – ou jogue tudo no liquidificador. Volte ao fogo e cozinhe por 2 a 3 minutos, para aquecer e engrossar.

**4** Corte os pãezinhos mornos ao meio e espalhe um pouco do recheio. Sirva imediatamente.

# PANQUECA DE AVEIA COM CALDA DE MIRTILO

Não consegue escolher entre mingau de aveia ou panqueca? Que diabos, JUNTE OS DOIS.

**8 A 10 UNIDADES**

1½ xícara de flocos de aveia*
2 colheres (sopa) de linhaça moída
1½ xícara de leite de amêndoa ou outro leite vegetal
½ xícara de farinha de aveia**
1 colher (sopa) de açúcar
1½ colher (chá) de fermento químico em pó
½ colher (chá) de sal
½ colher (chá) de canela em pó
óleo de semente de uva ou de coco para fritar

Calda de mirtilo (página ao lado)

**1** Em uma tigela grande, coloque os flocos de aveia, a linhaça e o leite de amêndoa. Misture bem e deixe de lado por 10 minutos, para amolecer a aveia.

**2** Em uma vasilha pequena, misture a farinha, o açúcar, o fermento, o sal e a canela. Peneire sobre a aveia úmida e misture até incorporar.

**3** Agora vamos fritar essas belezuras. Pegue uma frigideira ou chapa e aqueça em fogo médio. Unte levemente com um pouco de óleo e despeje uma porção da massa densa. Frite por cerca de 2 minutos, até o fundo dourar e você sentir o aroma da aveia tostada. Vire e cozinhe o outro lado até dourar, por 1 a 2 minutos. Sirva morno com a calda de mirtilo para um café da manhã nota 10.

*Não aquela porcaria instantânea. Flocos de aveia de verdade.*

**Pode parecer frescura, mas pegue um pouco de flocos de aveia, jogue no liquidificador ou processador e bata até obter uma farinha. Se for cedo demais para brincar com o liquidificador, pode usar farinha de trigo comum ou integral.*

## CALDA DE MIRTILO

Sirva sobre as panquequinhas da página ao lado, ou em lugar da calda de morango com os Waffles de milho (pág. 43) ou com a Canjiquinha de maple e frutas vermelhas (pág. 52). É o tipo de coisa que vai bem com o que você quiser.

**MAIS OU MENOS 1 XÍCARA**

Jogue tudo junto em uma panela pequena em fogo médio-baixo. Pode parecer que não há líquido suficiente, mas o mirtilo dá conta do recado. Misture e amasse um pouco das frutas. Espere borbulhar e cozinhe por cerca de 10 minutos, para que o mirtilo se desfaça e a calda engrosse um pouco. Retire a casca de limão, transfira a calda para uma tigela e espere esfriar por 5 a 10 minutos. Vai engrossar mais enquanto esfria.

*\* Pegue a faca ou afie o descascador de legumes e passe pela lateral do limão para cortar dois pedaços da casca (a camada colorida) do comprimento de um dedo. Tente não pegar aquela porcaria branca, mas não se preocupe muito com isso.*

- 225 g de mirtilo fresco ou congelado
- 2 colheres (sopa) de açúcar
- 1 colher (sopa) de suco de limão-siciliano
- 1 colher (sopa) de água
- 1 colher (chá) de extrato de baunilha
- 2 pedaços grandes de casca de limão-siciliano\*

Carpe diem, caramba!

SEM VERGONHA DE COMEÇAR ASSIM O DIA

# RABANADA
## COM SEMENTES

Quem é que não gostaria de comer pão frito com maple syrup e frutas frescas? Esta receita fala por si.

**6 UNIDADES, MAS É FÁCIL PRA CARAMBA DUPLICAR OU TRIPLICAR A RECEITA**

**1** Em uma assadeira ou refratário rasos, misture a chia e a farinha. Junte o leite, aos poucos, para não ficar cheio de grumos. DEVAGAR, cara. Reserve por 15 minutos. Enquanto espera, vá fazer um café e corte o pão em fatias de 2,5 cm de espessura.

**2** Bata a massa e, aos poucos, junte a levedura; misture. Aqueça uma chapa ou frigideira pesada em fogo médio e borrife um pouco de óleo, para que as rabanadas não grudem. Mergulhe as fatias de pão na massa – alguns segundos de cada lado – e coloque na chapa. Frite por 1 ou 2 minutos de cada lado, até dourarem e ficarem deliciosas.

*\* Mas, na verdade, você pode usar qualquer farinha – de arroz integral, de trigo branca... não vai fazer diferença.*

*\*\* O leite de amêndoa sempre vai bem, mas use o que tiver.*

*\*\*\* Que diabos é isso? Veja a pág. 38.*

- 1½ colher (chá) de sementes de chia ou linhaça moídas
- 2 colheres (sopa) de farinha de trigo integral\*
- 1 xícara de leite vegetal sabor baunilha\*\*
- ½ filão de pão de fermentação natural amanhecido ou qualquer pão de casca grossa que estiver dando sopa
- 1½ colher (sopa) de levedura nutricional\*\*\*
- óleo para borrifar

Carpe diem, caramba!

# CANJIQUINHA DE MAPLE E FRUTAS VERMELHAS

Ninguém dá bola para canjiquinha no café da manhã, mas ela rende um prato cremoso, levemente adocicado e cheio de fibras. Chega de mingau de aveia: já é hora de tentar algo novo.

4 PORÇÕES (OU 1 PORÇÃO DURANTE QUATRO DIAS)

2 xícaras de água
2 xícaras de leite de amêndoa ou outra bebida vegetal
1 xícara de canjiquinha de milho
¼ a ½ colher (chá) de sal
1 a 2 colheres (chá) de maple syrup, melado ou xarope de agave
sua geleia preferida
frutas vermelhas frescas

**1** Em uma panela média, ferva a água e o leite em fogo médio. Com cuidado, junte a canjiquinha e ¼ de colher (chá) de sal. Não jogue tudo de uma vez, espirrando água pra todo lado – tenha um pouco de cuidado, cara. Espere ferver e reduza o fogo para baixo. Tampe e cozinhe essa delícia por 20 minutos. Mexa de vez em quando, enquanto toma café e vasculha a internet, porque você não quer que nada grude no fundo da panela.

**2** Quando a canjiquinha tiver absorvido a maior parte do líquido e estiver macia, desligue o fogo e junte 1 colher (chá) de maple syrup. Prove e acrescente mais sal e maple, se achar necessário. Isso é por sua conta. Sirva com uma colheradinha de sua geleia preferida e frutas vermelhas frescas, para ficar elegante.

# COMECE O DIA A TODA

# MEXIDINHO ASSADO DE QUIABO E BATATA

É uma vergonha não experimentar quiabo e batata no café da manhã. Anda logo pra corrigir isso.

**2 A 3 PORÇÕES (COMO ACOMPANHAMENTO)**

óleo para borrifar
450 g de batata inglesa
½ cebola
450 g de quiabo
2 colheres (chá) de azeite de oliva
2 colheres (sopa) de farinha de milho
uma pitada de pimenta-do-reino moída
¼ de colher (chá) de sal
½ colher (chá) de páprica
2 dentes de alho picados
1½ colher (chá) de alecrim fresco picado
1 colher (sopa) de suco de limão
molho de pimenta, para servir

**1** Aqueça o forno a 225 °C. Borrife uma assadeira grande com o óleo.

**2** Pique a batata (com pele e tudo, se quiser) em pedaços do tamanho de uma moedinha; pique a cebola e corte o quiabo em fatias de 0,5 cm. O quiabo pode soltar uma certa baba – desencane e vai em frente. Em uma tigela média, misture 1 colher (chá) de azeite e o quiabo. Misture bem. Junte a farinha de milho, a pimenta-do-reino e metade do sal; mexa novamente. Acredite: a farinha de milho deixa o quiabo menos pegajoso. Despeje tudo em um lado da assadeira.

**3** Jogue a batata e a cebola na vasilha em que estava o quiabo. Junte a páprica, o azeite e o sal restantes; misture bem. Coloque na outra metade da assadeira e leve ao forno. Depois de cerca de 20 minutos, acrescente o alho e o alecrim à batata e misture. Mexa o quiabo e volte ao forno para terminar o cozimento. Asse até que o quiabo comece a dourar e ficar crocante, por cerca de 20 a 25 minutos.

**4** Quando o quiabo estiver crocante e as batatas, douradas e macias, tire do forno e regue tudo com o suco de limão. Misture os dois ingredientes e sirva imediatamente com seu molho de pimenta preferido.

### O BASICÃO

## SMOOTHIES NÃO PRECISAM TER GOSTO DE GRAMA

Smoothies com verduras são uma maneira fácil de incluir mais hortaliças na dieta. Com apenas um copo, você aumenta a dose de fibras, clorofila, vitaminas essenciais e todos os tipos de coisas boas de que seu corpo precisa. É simples assim. Não fique minhocando muito.

As hortaliças são a base nutritiva e a doçura das frutas dá conta do sabor. Mas não precisa ir a essas casas de sucos todas arrumadinhas, do outro lado da cidade, para tomar um smoothie supercaro com gosto de grama cortada. QUE SE DANEM. Jogue algumas frutas e hortaliças no liquidificador e aperte a porra do botão. Você sabe de que ingredientes mais gosta, então pode se transformar em seu próprio guru do smoothie em casa. É mais rápido, barato e não tem que enfrentar uma fila estúpida. Eis um guia para saber como fazer suas próprias experiências com smoothies:

**2 xícaras de verduras como espinafre ou couve, o que tiver em casa (se o liquidificador for uma porcaria, escolha algo mais fácil de bater, como espinafre)**

**1 xícara de frutas cremosas em pedaços (como banana, manga ou abacate congelado)**

**¾ de xícara de sua fruta doce favorita congelada (como cereja, frutas vermelhas, maçã, pera – solte a imaginação)**

**1½ xícara de líquido. Pode ser uma combinação de seu suco preferido, leite ou água – ou apenas água, dependendo de você querer a bebida mais doce.**

Experimente algumas dessas combinações antes de criar sua própria fórmula secreta: frutas tropicais, como manga e abacaxi, com um pouco de leite de coco e água; mirtilo ou amora com leite de amêndoa; use apenas bananas e substitua ¼ do líquido por manteiga de amendoim e complete com leite de amêndoa e água. Se parece bom o suficiente pra comer, acredite: também será ótimo para beber.

# SMOOTHIE SALADA
## DE FRUTAS

Você também pode transformar isto em um parfait para aumentar a quantidade de fibras e te deixar mais saciado: faça uma camada de semente de linhaça moída e aveia em flocos para cada xícara de smoothie que coloca no copo. Coma com uma colher ou use um canudinho bem grosso.

**1 PORÇÃO**

2 xícaras de espinafre fresco
5 pedaços de banana congelada (1½ banana) com cerca de 4 cm cada
1 xícara de água ou água de coco
½ xícara de suco de laranja
½ xícara de morango congelado
¼ de xícara de mirtilo congelado

Jogue tudo no liquidificador e deixe o aparelho trabalhar. Prove e junte mais um pouco de qualquer ingrediente, se quiser. Para ficar mais denso, acrescente banana. Isso é o tipo da coisa que você deve beber imediatamente.

# comida a jato

SALADAS, SANDUBAS E REFEIÇÕES RÁPIDAS

# WRAPS DE GRÃO-DE-BICO PICANTE COM MOLHO DE TAHINE

Tem o sabor defumado de um falafel, mas sem aquela trabalheira toda.

**4 UNIDADES GRANDES**

**MOLHO DE TAHINE**
¼ de xícara de tahine*
3 colheres (sopa) de água morna
1½ colher (sopa) de suco de limão-siciliano
1 colher (sopa) de vinagre de arroz
1 colher (sopa) de azeite de oliva
1 colher (chá) de molho de soja ou tamari
2 dentes de alho picados

**GRÃO-DE-BICO PICANTE**
1 colher (sopa) de azeite de oliva
3 xícaras de grão-de-bico cozido**
2 colheres (sopa) de suco de limão-siciliano
1 colher (chá) de maple syrup
1 colher (chá) de molho de soja ou tamari
2 colheres (chá) de páprica defumada
2 colheres (chá) de cominho em pó
1 colher (chá) de alho em pó
¼ a ½ colher (chá) de pimenta-de-caiena

4 wraps ou tortilhas de farinha de trigo, grandes
espinafre
pepino cortado em bastões
cenoura cortada em bastões

**1** Para o molho, misture toda essa maravilha em uma vasilha pequena, até ficar homogêneo e cremoso. Reserve na geladeira.

**2** Agora vamos ao recheio. Aqueça o azeite em uma wok ou frigideira grande em fogo médio-alto. Junte o grão-de-bico e frite até começar a dourar e estalar um pouco. Você vai sacar, isso leva de 3 a 5 minutos. Em uma tigela pequena, misture o suco de limão, o maple syrup e o molho de soja. Quando o grão-de-bico parecer ok, regue com esse líquido e misture. Espere evaporar por cerca de 30 segundos e junte os temperos restantes. Mexa e frite por mais 30 segundos; desligue o fogo.

**3** Sirva essas bolotinhas picantes em um wrap com algumas folhas de espinafre e bastões fininhos de pepino e cenoura. Regue um pouco de molho e enrole.

*É como manteiga de amendoim, mas feito de gergelim. No supermercado, fica na seção de produtos naturais ou na de importados, perto dos produtos árabes.*

**Ou 2 latas de 425 g, caso você não queira cozinhar a bagaça.*

## COMO MONTAR UMA SALADA (OU "NACHO VEGETAL")

A gente já viu de tudo em termos de saladas vergonhosas – e você provavelmente já comeu alguma dessas coisas insossas que não são capazes de saciar nem um coelho. Mas, quando bem feitas, saladas são deliciosas e satisfazem pra caramba. Trata-se de uma grande vasilha de "nachos vegetais" e a gente abraça essa causa. Eis um guia básico para montar uma salada com qualquer porcaria que você tenha na cozinha.

1. **A BASE:** Não importa o que você queira criar, é preciso começar com algumas verduras. Pode ser espinafre, rúcula, agrião, radicchio, um mix de folhas verdes, alface-romana, couve, repolho ou qualquer coisa que você encontrar na quitanda. Sua salada, suas regras. De maneira geral, quanto mais escuras, mais saudáveis são as verduras, mas misturar algumas delas com folhas mais baratas, como alface, faz você economizar dinheiro e ainda garantir as vitaminas. A base deve compor cerca de 60% do prato. (A alface-americana, porém, não conta. Sim, é o que existe de mais barato no mercado, mas não vale nada em termos nutricionais.) Outra coisa: não pique todas as verduras do mesmo jeito; isso é tão século 20! Crie uma salada variada: corte fininho folhas mais robustas, a exemplo da couve, faça tiras grossas de alfaces crocantes, como a romana, e mantenha a rúcula e a endívia inteiras, para deixar tudo mais interessante.

2. **OS ACRÉSCIMOS:** Você sempre deve juntar um punhado de hortaliças. Uma salada apenas de alface fica tão sem graça que só deveria aparecer na mesa como último recurso, quando a carteira está vazia no dia anterior ao pagamento. Acrescente legumes picados, como cenoura, pepino, pimentão, tomate e brócolis, ou frutas, como maçãs, peras e o que mais você quiser. Aproveite para juntar sobras assadas de legumes e batatas. Feijões e grãos cozidos também são ótimos. Esses extras garantem uma porrada de vitaminas e minerais ao prato

e ainda conferem fibras para manter a barriga cheia e o intestino em dia. Os acréscimos devem corresponder a cerca de 35% da salada. Use o que estiver na época e que seja cultivado perto de sua casa, para obter o máximo de sabor com o mínimo de custo. Deixe que a natureza cuide de sua alimentação.

3. **AS "COBERTURAS":** Representam uma porcentagem pequena da salada (sim, nós fizemos as contas), mas aperfeiçoam o sabor. Experimente nozes tostadas, ervas frescas picadas, cebola crua, alguns picles ou um punhado de croûtons. Esses 4% da salada são como um laço de fita, embrulhando para presente a sua salada cheia de elementos nutritivos.

4. **O MOLHO:** Deve corresponder a apenas 1% da salada, para não matar o trabalho que você teve para criar toda essa delícia nutritiva. *PIGARRO* MOLHO ROSÉ *PIGARRO* Acrescente o molho aos poucos, misture bem e prove. Tempere com sal e pimenta-do-reino, misture mais e prove de novo. Não dá pra fazer uma salada com tanto molho a ponto de parecer uma sopa, então pegue leve no começo e saiba que sempre é possível juntar mais. Escolha o molho e manda bala.

# MOLHOS DO BABADO

Mantenha potes e mais potes destas belezuras na geladeira para temperar uma salada vapt-vupt em qualquer noite da semana. Cada receita rende cerca de 1 xícara de molho, o suficiente para a semana toda — a não ser que você seja o maníaco do molho. Os ingredientes se separam depois de um tempo, mas basta chacoalhar bem o pote antes de usar para voltar ao normal. A validade é de pelo menos 2 semanas na geladeira.

**<<< MOLHO DE TAHINE (PÁG. 60)** Ótimo em todo tipo de salada, vai muito bem com coentro e manjericão e fica bom pra cacete com noodles.

**MOLHO DE CENOURA ASSADA >>> E COMINHO** (página ao lado) Fica bem grosso, mas é muito saboroso em uma salada simples de cebola roxa e coentro. Porra, é bom com quase tudo.

## MOLHO DE GERGELIM TORRADO

½ xícara de vinagre de arroz
1 colher (sopa) de suco cítrico*
½ colher (chá) de molho de soja ou tamari
2 colheres (sopa) de óleo de gergelim torrado
3 colheres (sopa) de azeite de oliva

Coloque todos os ingredientes em um vidro e chacoalhe bem. Prove e junte qualquer coisa que achar necessário.

*Laranja, limão-taiti ou limão-siciliano funcionam melhor.

## VINAGRETE BÁSICO
### <<< THUG KITCHEN

2 colheres (sopa) de chalota ou cebola-pérola* picada
1½ colher (chá) de mostarda de Dijon**
¼ de xícara de vinagre de vinho tinto
¼ de xícara de vinagre de arroz
¼ de xícara de azeite de oliva

Coloque tudo num vidro e chacoalhe até morrer. Prove e junte qualquer coisa que achar necessário. Dá pra trocar os vinagres pelo que você quiser até encontrar sua mistura ideal. Se quiser ainda mais sabor, acrescente 1 colher (chá) de sua erva desidratada ou mistura de ervas preferida e chacoalhe de novo.

*Dá para substituir por 2 dentes de alho.

**É isso que dá sentido ao molho. Acredite.

## MOLHO DE CENOURA ASSADA E COMINHO

3 cenouras médias
1 colher (chá) de azeite de oliva
¼ de colher (chá) de cominho em pó
uma pitada de sal
⅓ de xícara de vinagre de vinho branco*
¼ de xícara de água
2 colheres (sopa) de suco de laranja
2 colheres (sopa) de azeite de oliva

**1** Aqueça o forno a 190 °C. Corte a cenoura em pedaços de até 1,5 cm. Misture com 1 colher (chá) de azeite, o cominho e o sal. Leve ao forno em uma assadeira pequena, coberta, por 30 a 40 minutos, até ficar macio.

**2** Deixe esfriar um pouco e coloque no processador com os ingredientes restantes. Bata até ficar homogêneo – pode levar até 3 minutos.

*Ou vinagre de arroz.

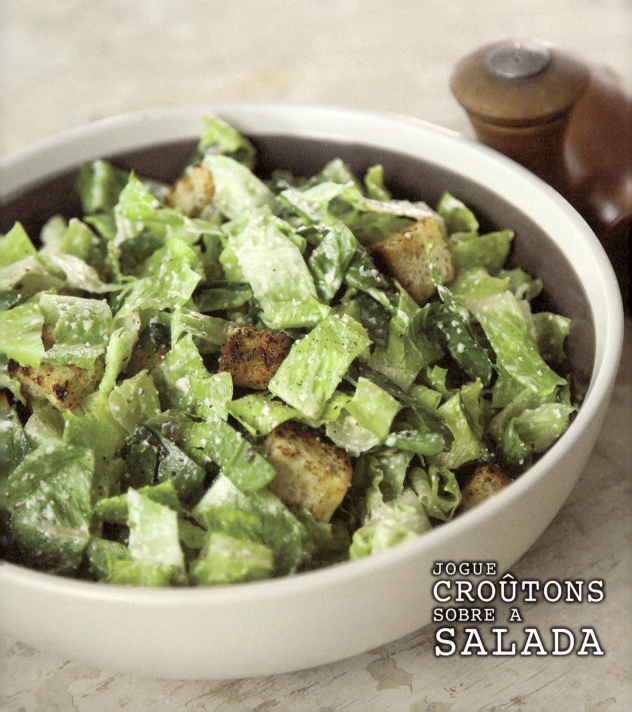

# SALADA CAESAR
## COM AMÊNDOA E CROÛTONS CASEIROS

Sabe aquele espaço vazio em seu prato, onde a salada deveria estar? Preencha com isto e mande um cartão nos agradecendo.

**4 PORÇÕES**

**1** Coloque a amêndoa e a água quente em uma tigela e deixe por 15 minutos. Pique o alho. Quando a amêndoa começar a ficar meio mole, jogue no processador com a água, o alho, o azeite, o suco de limão, a mostarda e o vinagre. Bata até não restarem mais pedaços grandes de amêndoa e o molho começar a ficar cremoso. Você sabe como diabos deve ficar um molho Caesar, vai. Junte a alcaparra e bata por mais 5 segundos, até picar. Leve à geladeira até a hora de servir.

**2** Sirva umas colheradas de molho sobre sua alface preferida com croûtons caseiros – mostre que você sabe aproveitar a vida.

*\* No supermercado, essas belezinhas em conserva ficam perto da azeitona. Parece muito chique, mas um vidro dura pra sempre e deixa sua geladeira mais elegante. Junte um pouco ao Molho marinara caseiro (pág. 176) com um pouco de azeitona e pimenta vermelha em flocos pra fazer um puta putanesca, cara.*

⅓ de xícara de amêndoa em lascas
⅓ de xícara de água quente
1 a 2 dentes de alho
¼ de xícara de azeite de oliva
2 colheres (sopa) de suco de limão-siciliano
1 colher (chá) de mostarda de Dijon
1 colher (chá) de vinagre de arroz
1 colher (sopa) de alcaparras*
um maço da sua alface preferida, picada
um punhado de Croûtons caseiros (receita abaixo)

## CROÛTONS CASEIROS

**RENDE O SUFICIENTE PARA 4 SALADAS SERVIDAS COMO ACOMPANHAMENTO**

**1** Aqueça o forno a 200 °C.

**2** Corte o pão em cubinhos – você deve obter cerca de 5 xícaras. Em uma tigela grande, misture os ingredientes restantes. Junte os cubos de pão e mexa bem, para distribuir todo aquele amor. Coloque em uma assadeira, em uma camada homogênea, e leve ao forno por 20 minutos, mexendo na metade do tempo para essa bagaça não queimar. Sirva imediatamente ou mantenha na geladeira em uma vasilha de fecho hermético.

½ filão de pão amanhecido (para obter 5 xícaras de cubinhos)
3 colheres (sopa) de azeite de oliva
1½ colher (sopa) de suco de limão
1½ colher (chá) de alho em pó
1 colher (chá) de tomilho seco
¼ de colher (chá) de páprica
¼ de colher (chá) de sal

Comida a jato

## O BASICÃO

### COMO ASSAR ALHO

O alho assado confere uma doçura amanteigada a quase qualquer coisa, como molho para massas, saladas e pastas, e é fácil pra caramba de fazer. Passe longe de qualquer restaurante que cobre a mais por isso: trata-se de roubalheira assada.

1. Aqueça o forno a 200 °C.
2. Tire todas as camadas extras de casca em volta da cabeça de alho. Você quer que ela fique inteira, mas não precisa dessa casca toda que mantém os dentes unidos.
3. Corte 0,5 cm do topo da cabeça de alho, para deixar a ponta dos gérmens à mostra. Sim, aquele miolo desgraçado.
4. Embrulhe tudo em papel-alumínio e regue com ½ colher (chá) de azeite de oliva antes de fechar o pacote. Asse por cerca de 40 minutos, até que os dentes de alho estejam dourados e desprendam aquele perfume maravilhoso.
5. Espere esfriar um pouco e esprema a quantidade de alho desejada. Pode ser mantido por 2 semanas na geladeira.

# CUSCUZ MARROQUINO PICANTE

Cuscuz? Laranjas? Canela? Em uma receita salgada? Anda logo, experimenta isso. A gente está desafiando.

---

2 A 4 PORÇÕES COMO ACOMPANHAMENTO

1½ xícara de cuscuz marroquino
¼ de colher (chá) de sal
½ colher (chá) de canela em pó
½ colher (chá) de páprica
uma pitada de cominho em pó
1½ xícara de água fervente
1½ colher (sopa) de azeite de oliva
2½ colheres (sopa) de vinagre de arroz
2 a 3 xícaras de espinafre*
1 xícara de gomos de laranja picados**

**1** Misture o cuscuz, o sal e as especiarias em uma panela média com tampa firme. Junte a água fervente sem deixar espirrar tudo e queimar a droga da sua mão. Mexa e tampe rapidamente. Reserve por pelo menos 8 minutos. O cuscuz deve absorver a água e estar macio quando você destampar a panela. Fácil pra cacete.

**2** Enquanto isso, misture o azeite e o vinagre em uma tigela pequena. Corte o espinafre em tiras grossas.

**3** Quando o cuscuz estiver pronto, solte os grãos com um garfo, junte o molho e mexa mais um pouco para incorporar. Acrescente o espinafre e a laranja, misturando com cuidado. Tempere a gosto e sirva frio ou em temperatura ambiente.

*Couve picada também funciona.*

**Umas cinco unidades pequenas ou apenas uma ou duas das grandes. A gente gosta de laranja-sanguínea, mas, cara, use a que tiver mais fácil.*

# PILAF DE PAINÇO E BRÓCOLIS ASSADOS

O painço pode parecer comida de passarinho, mas tem uma tonelada de magnésio, é bom para a saúde cardíaca e custa barato pra cacete. Experimente algo novo e deixe seu coração sofrer de amor, não de doença.

**4 PORÇÕES COMO ACOMPANHAMENTO**

**1** Aqueça o forno a 200 °C e pegue uma assadeira.

**2** Corte os brócolis em pedaços que não sejam maiores que seu dedão. Misture 1 colher (chá) de azeite, coloque na assadeira em uma única camada e asse por cerca de 20 minutos, até parecer um pouco tostado.

**3** Enquanto isso, prepare o painço. Coloque uma panela média em fogo médio – não precisa de óleo. Junte o painço e mexa por cerca de 2 minutos, até desprender um aroma tostado (ou até você cansar). Isso deixa os grãos mais amendoados e deliciosos, mas, se você não der a mínima pra isso, desencane e segue o jogo. Acrescente a água e uma pitada de sal. Espere ferver e diminua o fogo, deixando apenas borbulhar. Tampe e cozinhe por cerca de 25 minutos, até ficar macio.

**4** Reserve alguns minutos para preparar o molho antes de tudo ficar pronto. Pegue uma tigela e amasse os dentes de alho, até formar uma pasta. Junte o suco de limão, 1 colher (sopa) de azeite de oliva e ¼ de colher (chá) de sal e misture para obter um molho grosso, bem pastoso. Está pronto.

**5** Quando o painço ficar pronto, coloque em uma vasilha grande e tempere com o molho de alho. Mexa muito bem e acrescente os brócolis. Prove e junte mais sal, pimenta-do-reino ou suco de limão a gosto. Sirva esse acompanhamento simples aquecido ou em temperatura ambiente.

\* *Que diabos é isso? Veja a pág. 23.*

\*\* *Não sabe fazer alho assado? Vá até a pág. 68 e aprenda.*

um maço de brócolis
1 colher (chá) mais 1 colher (sopa) de azeite de oliva
1 xícara de painço cru\*
2 xícaras de água
sal e pimenta-do-reino moída
5 dentes de alho assados\*\*
1 colher (sopa) de suco de limão-siciliano

# QUINOA COM LIMÃO E HORTELÃ

Mostre a todo mundo seu conhecimento: você sabe que hortelã não é só um sabor de chiclete.

**4 PORÇÕES COMO ACOMPANHAMENTO**

- 1 colher (chá) mais 2 colheres (sopa) de azeite de oliva
- 1½ xícara de quinoa*
- 2¾ xícaras de água
- ¼ de colher (chá) de sal
- ½ colher (chá) de raspas de limão-siciliano**
- 2 colheres (sopa) de suco de limão-siciliano
- 1½ colher (sopa) de vinagre de arroz
- ⅓ de xícara de hortelã fresca picada
- 2 colheres (sopa) de cebolinha picada
- ½ xícara de amêndoa tostada em lascas (opcional)***

**1** Em fogo médio, aqueça 1 colher (chá) de azeite em uma panela que tenha tampa. Junte a quinoa e salteie por cerca de 2 minutos, até começar a desprender um aroma amendoado. Acrescente a água e o sal; espere ferver. Tampe, reduza o fogo e cozinhe por 15 a 18 minutos, até ficar macio. Se a quinoa estiver pronta mas ainda sobrar água, escorra em uma peneira, volte à panela e cubra com um pano de prato enquanto apronta as outras coisas.

**2** Em uma tigela pequena, misture as raspas e o suco de limão, o vinagre e 2 colheres (sopa) de azeite. Quando a quinoa esfriar um pouco, junte o molho, a hortelã e a cebolinha. Misture bem e acrescente a amêndoa. Prove para ver se quer mais sal, hortelã ou qualquer outra coisa. Sirva frio ou em temperatura ambiente.

*Lave em água fria para não ficar amargo pra cacete quando você cozinhar.*

**Use o lado mais fino do ralador. Não precisa de nenhum equipamento especial.*

***É opcional, mas a amêndoa deixa tudo mais crocante e você não vai se arrepender.*

# SALADA DE BATATA ASSADA COM ERVAS FRESCAS

Cause uma boa impressão no próximo jantar de família com esta salada de batata. As ervas frescas farão você se esquecer daquela gororoba horrível envolta em maionese que costuma aparecer em piqueniques.

**4 PORÇÕES COMO ACOMPANHAMENTO**

**1** Aqueça o forno a 200 °C.

**2** Corte as batatas ao meio no sentido do comprimento. Se, por algum motivo, os pedaços ainda forem grandes, corte em quatro e coloque em uma tigela. Misture com o azeite, a páprica e o sal, até cobrir tudo. Coloque em uma assadeira, em uma camada única, e asse essas lindezas por 25 minutos, virando na metade do tempo.

**3** Enquanto isso, prepare o molho. Você pode jogar todos os ingredientes no processador e deixá-lo trabalhar até picar e misturar tudo ou pode fazer à mão se não quiser lavar a máquina depois.

**4** Quando as batatas estiverem macias, espere esfriar por cerca de 10 minutos. Coloque em uma vasilha grande e junte o molho de ervas, misturando para cobrir cada pedaço. Prove e tempere com pimenta-do-reino e mais sal até ficar do jeito que você gosta. Deixe na geladeira por pelo menos 1 hora, para que a batata absorva todo o sabor e o alho fique mais suave. Sirva frio ou em temperatura ambiente.

*\* É opcional, mas fica incrível.*

450 g de batata bolinha com casca
1 colher (sopa) de azeite de oliva
½ colher (chá) de páprica defumada (opcional)*
¼ de colher (chá) de sal
uma pitada de pimenta-do-reino moída

**MOLHO DE ERVAS FRESCAS**

½ xícara de salsinha fresca picada
½ xícara de cebolinha-verde fatiada
1 dente de alho picado
2 colheres (sopa) de azeite de oliva
2 colheres (sopa) de vinagre de vinho tinto
1 colher (sopa) de água
1 colher (chá) de suco de limão-siciliano

# DICA ESPERTA

## CORTES PODEROSOS

Quisemos acrescentar estas figuras para explicar exatamente que raios queremos dizer quando pedimos para você cortar ingredientes de um jeito ou de outro. Você pode estar pouco se lixando, mas o tamanho das hortaliças pode ser o sucesso ou o fracasso de uma refeição. Cortes de diferentes tamanhos mudam o tempo de cozimento, a textura do alimento e o sabor do prato todo. Pense bem: na hora de fazer molho de tomate, bocados gigantes de cebola são completamente diferentes de pedaços bem picadinhos. Tente seguir nossas sugestões em cada receita para que seu prato fique o mais maravilhoso possível e sempre mantenha a faca afiada como o diabo.

BUQUÊ — CUBO — MEIA-LUA — LÂMINA
PALITO GROSSO — PALITO FINO — CUBINHO — PICADO

# REPOLHO E BATATA BRASEADOS

Este acompanhamento é qualquer nota. Pique. Despeje. Asse. Vire. Pronto. Ótimo para meados do inverno, quando todas as verduras do mercado parecem tristes. DÊ UMA CHANCE AO REPOLHO.

**4 A 6 PORÇÕES COMO ACOMPANHAMENTO**

1 repolho verde pequeno (cerca de 450 g)
½ cebola amarela
3 cenouras
1 xícara de caldo de legumes
2 colheres (sopa) de azeite de oliva
225 g de batata branca ou amarela pequena
3 dentes de alho picados
1 colher (sopa) de alecrim fresco picado
sal e pimenta-do-reino moída
1 colher (sopa) de suco de limão-siciliano

**1** Aqueça o forno a 190 °C.

**2** Corte o repolho ao meio e corte em cunhas de até 5 cm. Se tiver uma camada externa mais grossa, jogue essa bagaça fora. Pique grosseiramente a cebola e a cenoura. Tudo bem deixar pedaçudo, porque terão tempo para assar.

**3** Pegue uma assadeira de 22 x 33 cm e distribua os pedaços de repolho em uma camada. Jogue a cebola e a cenoura em volta e despeje o caldo e o azeite. Cubra com papel-alumínio e leve ao forno por 40 minutos.

**4** Enquanto o repolho assa, corte as batatas ao meio para obter pedaços do tamanho da cavidade de 1 colher (sopa). Depois dos 40 minutos, tire a assadeira do forno e vire as cunhas de repolho. Junte a batata e polvilhe o alho, o alecrim e ¼ de colher (chá) de sal. Misture, para cobrir as batatas com um pouco do caldo restante, mas não precisa gastar muito tempo com isso – não precisa de muita trabalheira. Cubra novamente e asse por mais 40 minutos. Tire o papel-alumínio e deixe por mais 10 minutos no forno.

**5** Depois de todo esse tempo, tire a assadeira do forno, regue com o suco de limão e tempere com sal e pimenta-do-reino a gosto. Sirva morno. Um pouco de molho de pimenta avinagrado com essas batatas não é má ideia.

# SALADA DE QUINOA E BETERRABA ASSADA

Quando as beterrabas não estão boas, são realmente nojentas. Assadas, porém, essas belezuras ficam adocicadas e deliciosas. Confie.

**4 PORÇÕES COMO ACOMPANHAMENTO**

**1** Aqueça o forno a 200 °C. Deixe uma assadeira à mão.

**2** Prepare o molho: coloque todos os ingredientes em um vidro com tampa e chacoalhe bem.

**3** Para a salada, misture a beterraba e o vinagre, o azeite e uma pitada de sal em uma tigela média. Suas mãos podem ficar vermelhas e sanguinolentas ao misturar tudo – não se preocupe com essa droga porque basta lavar para sair, então pare de reclamar. Transfira para a assadeira e leve ao forno por 20 minutos, mexendo na metade do tempo.

**4** Enquanto isso, ferva a água em uma panela média. Junte a quinoa. Quando começar a ferver de novo, tampe e diminua o fogo para baixo. Cozinhe até ficar macio, por cerca de 15 minutos. Prove e você vai saber se está bom. Escorra a água extra que ficar na panela e transfira a quinoa para uma tigela média. Junte a couve, mexa e acrescente o molho e as ervas; misture bem.

**5** Quando a beterraba estiver assada, adicione à salada. Tempere com sal e pimenta-do-reino a gosto. Sirva em temperatura ambiente ou leve à geladeira até esfriar.

*\* Endro, manjericão e salsinha vão bem. Use a que estiver dando sopa na geladeira.*

**MOLHO**

1 chalota ou cebola pequena, em cubinhos (cerca de 2 colheres de sopa)
1 colher (chá) de mostarda de Dijon
3 colheres (sopa) de vinagre de vinho branco, balsâmico ou de champanhe
¼ de xícara de azeite de oliva

**SALADA**

3 beterrabas médias sem casca e cortadas em pedaços pequenos (cerca de 1½ xícara)
1 colher (chá) do mesmo vinagre usado para o molho
2 colheres (chá) de azeite de oliva
sal e pimenta-do-reino moída
2 xícaras de água
1 xícara de quinoa, lavada
1 xícara de couve, sem os talos, cortada em tirinhas
¼ de xícara de ervas frescas picadas*

# SALADA VIETNAMITA COM NOODLE DE ARROZ

Quando está fazendo um calor do cão e você precisa de um almoço refrescante, sirva o Tofu assado com gergelim e gengibre (pág. 105) sobre esta salada e depois conta pra gente.

**4 PORÇÕES COMO PRATO PRINCIPAL, 6 COMO ACOMPANHAMENTO**

1 pacote (190 g) de bifum ou noodles finos de arroz
½ maço de alface picado*
2 cenouras médias cortadas em palitos finos
1 pepino sem casca cortado em palitos finos
1 xícara de folhas de hortelã fresca picadas
1 xícara de folhas de manjericão fresco picadas
1 xícara de folhas de coentro picadas
1 xícara de cebolinha em fatias
Molho de gergelim torrado (pág. 65) – acrescente mais 1 dente de alho picado, para incrementar mais
½ xícara de amendoim salgado e assado, bem picado
gomos de limão-taiti, para servir

**1** Cozinhe os noodles de acordo com as instruções da embalagem. Escorra e passe pela torneira até esfriar. Reserve.

**2** Enquanto isso, prepare as hortaliças, as ervas e o molho.

**3** Para servir, empilhe um montão de noodles no centro de cada prato. Distribua a alface, os legumes e as ervas em volta do macarrão. Regue os noodles com o molho e despeje um pouco em torno das hortaliças e ervas. Polvilhe o amendoim sobre essa delícia. Sirva com gomos de limão.

*Vermelha, crespa, o que for. Só precisa usar uma alface folhosa e leve. Não gaste muitos neurônios com isso.*

# SANDUBA DE GRÃO-DE-BICO E AMÊNDOA DEFUMADA

Você nunca nem ouviu falar de um sanduíche como este. Caramba, a gente também não... Mas vai lá e faz. Confie na gente.

**4 A 6 SANDUÍCHES, DEPENDENDO DO TAMANHO DAS CAMADAS**

**1** Aqueça o forno a 180 °C. Unte levemente uma assadeira.

**2** Para as amêndoas: misture os ingredientes líquidos em uma tigela pequena; em outra vasilha, misture a levedura nutricional, a páprica e o alho. Mergulhe as amêndoas no líquido e mexa para cobrir tudo. Retire, transfira para a vasilha com os temperos e misture bem para cobrir tudo. Quando parecer bem temperado, retire e coloque na assadeira. Leve ao forno para tostar por 10 minutos, mexa e asse por mais 5 minutos. Retire e espere esfriar.

**3** Enquanto isso tudo acontece, amasse juntos o grão-de-bico, o abacate e o suco de limão. Pode deixar um pouco pedaçudo, do jeito que você quiser. Junte a cebola, o endro, o salsão, o molho de pimenta, sal e pimenta-do-reino; misture bem.

**4** Quando as amêndoas estiverem frias, pique e acrescente ao recheio.

**5** Sirva esse recheio fodão com pão tostado, mostarda de Dijon, alface e tomate. É melhor comer no dia do preparo – dá pra manter na geladeira, mas depois não fica tão crocante.

*Se ficar com preguiça, compre as amêndoas já defumadas.*
**Que diabos é isso? Veja a pág. 38.*
***Ou 2 latas de 425 g.*
****Cerca de 1 limão-siciliano.*

### AMÊNDOA DEFUMADA RÁPIDA*

2½ colheres (chá) de fumaça líquida**
½ colher (chá) de azeite de oliva
1 colher (chá) de molho de soja ou tamari
1 colher (chá) de maple syrup, melado ou xarope de agave
2 colheres (chá) de levedura nutricional**
1 colher (chá) de páprica defumada
1 colher (chá) de alho em pó
¾ de xícara de amêndoa crua

### SANDUBAS

3 xícaras de grão-de-bico cozido***
½ abacate pequeno
3 colheres (sopa) de suco de limão-siciliano****
¾ de xícara de cebola roxa picada (cerca de ½ cebola média)
⅓ de xícara de endro fresco picado
⅓ de xícara de salsão picado (cerca de 2 talos)
1 a 2 colheres (chá) de seu molho de pimenta preferido
½ colher (chá) de sal
pimenta-do-reino moída a gosto
8 a 12 fatias de pão tostado
mostarda de Dijon, alface e tomate

Comida a jato

# DICA ESPERTA

## TOFU VS. TEMPEH

Quando você adota uma alimentação sem carne, vai encontrar um pouco de soja, não tem jeito. Só que a soja não tem uma reputação muito boa por aí. Bando de babacas. Segundo a Sociedade Americana do Câncer, comer derivados da soja como tofu e tempeh pode ajudar a diminuir o risco de desenvolver vários tipos de doença – além de ser uma fonte de proteínas com poucas calorias e gordura. É importante conhecer a diferença entre os dois para que você saiba que raios está comendo e quais são as melhores maneiras de preparo. E pare de se preocupar com aquela bobajada sobre o estrogênio. Você só come carne que vem de animais machos? Não, né? Então cala essa boca.

**TOFU** é o produto mais comum e, de longe, o mais odiado. É feito com leite de soja coagulado e transformado em blocos. Sozinho, pode ser macio e não ter gosto de nada. As pessoas que não sabem o que estão fazendo servem essa fonte superpoderosa de proteínas sem tempero, e fica uma droga. Não deixe um cozinheiro ruim fazer com que você despreze um grupo inteiro de alimentos: 1 xícara de tofu tem 20 gramas de proteína, é rica em cálcio e ferro e não tem colesterol.

**TEMPEH** pode parecer alguma bobagem hippie, mas é delicioso. Trata-se de um bloco feito de grãos de soja fermentados. Inventaram essa bagaça na Indonésia e ela tem se tornado cada vez mais popular. Como é fermentado, às vezes pode parecer que está embolorado, mas vai em frente. Firme e denso, acrescenta uma excelente textura a qualquer prato. Como o tofu, é bom saber o que fazer direito quando usá-lo, então siga alguma das receitas deste livro e não improvise. E, para constar, 1 xícara de tempeh tem 30 gramas de proteína. Dá para encontrar na seção refrigerada de bons supermercados ou pela internet.

# SANDUÍCHE DE TEMPEH E CENOURA

Não se surpreenda se este sanduíche parrudo tornar-se parte integrante de seus almoços. As cenouras defumadas e marinadas deixam tudo crocante e viciante — os outros sandubas ficarão envergonhados.

**4 UNIDADES DE TAMANHO NORMAL**

**1** Corte o tempeh em fatias com cerca de 0,5 cm de espessura e 5 cm de comprimento. Faça o mesmo com as cenouras, para ficar do mesmo tamanho e formato. Não precisa medir essa droga, faça a olho.

**2** Prepare a marinada: coloque tudo em uma panela em fogo médio-baixo e espere borbulhar. Junte o tempeh e a cenoura; misture com delicadeza. Não vai cobrir tudo, mas faça o melhor que puder. Quando borbulhar junto por cerca de 30 segundos, desligue o fogo e transfira para uma vasilha rasa, como uma fôrma de torta ou outra porcaria parecida. Cubra e leve à geladeira para marinar por 4 a 8 horas. Sim, precisa planejar com antecedência, seu preguiçoso. A gente avisou que era pra ler a porcaria da receita primeiro.

**3** Um pouco antes de montar os sanduíches, frite os ingredientes: em uma wok ou frigideira grande, aqueça o azeite em fogo médio. Coloque o tempeh e a cenoura em uma só camada e frite até o tempeh começar a dourar, por 2 a 3 minutos de cada lado. A cenoura pode ficar pronta um pouco antes, então fique de olho nessa bagaça. Se parecer que está meio seco, ou que o tempeh vai grudar, junte algumas colheradas da marinada.

**4** Quando dourar dos dois lados, você está pronto para servir um sanduíche do outro mundo. Faça camadas de alface, tomate, abacate e cebola roxa, com um pouco de mostarda, no tipo de pão que preferir. Junte uma camada de cenoura e outra de tempeh, feche e pode mandar bala. Se precisar de mais ajuda para montar um sanduíche, pesquise na internet e vai chorar num canto.

*Que diabos é isso? Veja a pág. 38.*

225 g de tempeh
2 cenouras médias

**MARINADA DEFUMADA**

1 xícara de caldo de legumes ou água
¼ de xícara de molho de soja ou tamari
2 colheres (sopa) de suco de limão-siciliano
1½ colher (sopa) de fumaça líquida*
2 colheres (chá) de maple syrup, melado ou xarope de agave
4 dentes de alho cortados em fatias grossas
½ colher (chá) de cominho em pó

**MONTAGEM**

1 colher (sopa) de azeite de oliva
alface, tomate em fatias, abacate, cebola roxa e mostarda
4 pãezinhos ou 8 fatias de pão de fôrma tostados

# ROLINHOS TAILANDESES COM GENGIBRE E COGUMELO

São como burritos vestidos de forma sexy e transparentes. Sirva em uma festa e veja todo mundo reagir com um "uau!".

**10 A 12 ROLINHOS QUE DEIXARÃO AS PESSOAS IMPRESSIONADAS POR SEMANAS**

## RECHEIO
- 225 g de cogumelo*
- 3 dentes de alho
- ½ colher (chá) de óleo de sabor neutro, como semente de uva
- 1½ colher (chá) de molho de soja ou tamari
- ⅓ de xícara de cebolinha-verde picada
- 2 colheres (sopa) de gengibre fresco picado
- ½ colher (chá) de óleo de gergelim torrado

## MOLHO AGRIDOCE (OPCIONAL)
- ½ xícara de vinagre de arroz
- 2 colheres (sopa) de açúcar
- 2 a 3 colheres (chá) de pasta de alho e pimenta**
- 1 colher (chá) de suco de limão-taiti
- ¼ de xícara de amendoim picado

## ROLINHOS
- 6 folhas de alface
- 1 pepino
- 1 cenoura
- 1 xícara de ervas frescas***
- 1 pacote de papel de arroz grande, para os rolinhos****

**1** Apare os cogumelos e corte em tirinhas da espessura de um dedo; pique o alho miudinho. Aqueça o óleo em uma wok ou frigideira em fogo médio. Junte os cogumelos e refogue por 1 a 2 minutos, até começarem a soltar bastante líquido. Acrescente o molho de soja, a cebolinha, o gengibre e o alho; cozinhe por cerca de 2 minutos, até a maior parte do líquido evaporar. Adicione o óleo de gergelim, misture e desligue o fogo. Transfira para um prato, até esfriar. Agora reserve um tempinho para passar papel-toalha na wok, pois isso ajuda a economizar tempo mais tarde. De nada, ok?

**2** Se fizer o molho, essa é a hora. Em uma panela pequena, em fogo médio, cozinhe o vinagre e o açúcar até começar a borbulhar. Deixe por cerca de 4 minutos, mexendo de vez em quando. Junte a pasta de pimenta e o suco de limão; desligue o fogo. Quando esfriar por alguns minutos, transfira para uma vasilha e leve à geladeira. Não faça nada com o amendoim por enquanto.

**3** Hora de picar algumas hortaliças. Esta receita é bem flexível quando se trata de recheio, então use o que tiver à mão. Mas inclua um pouco de alface, algo crocante (como pepino e cenoura) e pelo menos um tipo de erva. Quase qualquer coisa vai bem aqui. Apenas corte tudo – menos a alface – em tirinhas com cerca de 5 cm. Rasgue a alface em pedaços.

*Enoki, shiitake, cogumelo-de-paris, qualquer lindeza que você ache bacana.*

**No supermercado, fica ao lado do molho de soja.*

***A mistura de coentro, hortelã e manjericão é estupidamente gostosa, mas use quaisquer dessas ervas que você encontrar.*

****Parece um pacote de tortilhas feitas de papel branco. No supermercado, geralmente fica perto do molho de soja e é barato pra cacete.*

*(não acabou ainda... vá para a pág. 86)*

**4** Agora você mostra que entende do babado. Aqueça cerca de 7,5 cm de água na mesma wok ou frigideira usada para os cogumelos. Precisa ficar quente, mas não a ponto de impedir que você mergulhe os dedos no líquido – como a temperatura do chá, ou algo do gênero. Desligue o fogo. Mergulhe uma folha de papel de arroz, aberta, e deixe por 10 a 15 segundos, até ficar maleável como um noodle. Escorra o excesso de água e coloque essa porcaria translúcida em um prato.

**5** Dobre ao meio, para ficar como um taco, com o lado reto para baixo. Do lado esquerdo do semicírculo, coloque uma folha de alface, cerca de dois dedos de hortaliças e ervas e uma colherada dos cogumelos. Dobre uma vez, da esquerda para a direita, e então dobre a extremidade de baixo para cima, como um burrito. Continue a enrolar, apertando, e, com gentileza, pressione a aba final contra o rolinho. Se você sabe preparar um burrito, certamente sabe fazer isso aqui. Monte mais rolinhos até o recheio acabar.

**6** Para servir, junte o amendoim picado ao molho e mande bala. Rolinhos prontos podem ser mantidos na geladeira por cerca de 2 dias – mas, se você não comer tudo de uma vez, deve ser doido de pedra.

### ERVAS DO BARATO

*Você precisa conhecer as ervas frescas.* Neste livro, a gente usa um monte de ervas desidratadas porque são mais baratas e fáceis de manter por perto – e ótimas para acrescentar a uma receita durante o cozimento, já que precisam de tempo para hidratar e desprender seu sabor. Para incrementar um pouco mais a receita, porém, use ervas frescas. Obviamente seu sabor é mais grandioso do que as irmãs bastardas e elas podem enriquecer o prato de maneira simples.

De modo geral, o sabor das secas é mais concentrado, então é melhor multiplicar sua quantidade por três caso use ervas frescas. Assim, 1 colher (chá) de tomilho desidratado equivalerá a 3 colheres (chá) ou 1 colher (sopa) de tomilho fresco. Simples assim. Outra coisa: caso seu prato fique com uma aparência horrível, polvilhe um pouco de ervas frescas picadas, como salsinha, manjericão e coentro, para deixá-lo com um ar todo artesanal. Sempre funciona.

# PIMENTÃO
## COM RECHEIO DE CEVADINHA

A cevadinha é um grão delicioso pra cacete que se parece com o arroz, mas tem o sabor um pouco mais picante. Também é cheio daquelas coisas saudáveis, como manganês, fibras alimentares, selênio e niacina. Por que raios não experimentar?

**4 UNIDADES**

**1** Em uma panela média, aqueça o azeite em fogo médio. Junte a cebola e cozinhe até começar a dourar, por cerca de 3 minutos. Acrescente o salsão, a cenoura, o alho, o tomilho e o orégano; refogue por mais 2 minutos. Misture a cevadinha, o tomate e o vinagre; mexa bem. Por fim, coloque o caldo, o sal e a pimenta-do-reino e espere começar a borbulhar. Cozinhe, sem tampar, por cerca de 15 minutos, até o caldo ser absorvido e a cevadinha ficar macia.

**2** Enquanto isso, aqueça o forno a 190 °C. Corte o topo dos pimentões e raspe para retirar as sementes. Coloque em uma fôrma rasa para tortas ou fôrma para bolo inglês, untada – algum lugar em que não fiquem dançando depois de recheados.

**3** Quando a cevadinha estiver pronta, junte o feijão e desligue o fogo. (O recheio pode ser feito com 1 ou 2 dias de antecedência, sem problema.) Encha os pimentões até o topo, cubra bem com papel-alumínio e asse por 45 minutos a 1 hora, até ficarem macios. Espere descansar por 5 minutos depois de tirar do forno, pois estarão quentes pra cacete. Polvilhe a salsinha e sirva.

*\* Ou 1 lata de 425 g.*

- 2 colheres (sopa) de azeite de oliva
- ½ cebola picada
- 2 talos de salsão picados
- 1 cenoura picada
- 3 a 4 dentes de alho bem picados
- 2 colheres (chá) de tomilho seco
- 1½ colher (chá) de orégano seco
- 1 xícara de cevadinha
- 1 tomate picado (cerca de ½ xícara)
- 2 colheres (sopa) de vinagre de vinho tinto
- 2 xícaras de caldo de legumes
- ½ colher (chá) de sal
- ¼ de colher (chá) de pimenta-do--reino moída
- 4 pimentões da cor que você achar mais legal
- 1½ xícara de feijão-roxinho ou branco*
- ¼ de xícara de salsinha fresca picada

# BERINJELA GRELHADA COM SOBÁ

Perfeita para o verão, quando o preço do manjericão e da berinjela está lá embaixo e você já gastou toda a porra do dinheiro em um ventilador novo.

**4 PORÇÕES OU APENAS 1, SE VOCÊ QUISER GUARDAR ESSA BAGAÇA PARA ALMOÇAR A SEMANA INTEIRA**

**1** Misture todos os ingredientes da marinada. Corte a berinjela em rodelas de 0,5 cm. Coloque em uma tigela grande e cubra com a marinada. Deixe de 15 minutos a 1 hora, caso tenha tempo.

**2** Enquanto isso, cozinhe a massa de acordo com as instruções da embalagem. Escorra e passe sob água fria para interromper o cozimento. Coloque em uma vasilha grande e junte o óleo de gergelim e o vinagre. Mexa bem.

**3** Aqueça a grelha ou bistequeira em fogo médio (de 150 °C a 180 °C). Unte e grelhe as fatias de berinjela (não jogue fora a marinada) por 2 a 3 minutos de cada lado, até ver algumas marcas da grelha. Se começar a parecer seco, tire as fatias e mergulhe na marinada restante – ou pincele o líquido sobre elas – e continue a cozinhar até ficar no ponto. Hidratação de berinjela, quem diria?

**4** Quando todas as fatias estiverem prontas e esfriarem levemente, corte em cubos de 0,5 cm. Misture ½ xícara da marinada restante e 3 colheres (sopa) de água. Distribua tudo sobre os noodles e mexa bem. Junte a berinjela e o manjericão; mexa outra vez. Cubra com as sementes de gergelim e sirva frio ou em temperatura ambiente.

*\* Você pode usar macarrão integral ou qualquer outro, mas o sobá – feito de trigo-sarraceno – é muito mais gostoso.*

### BERINJELA E MARINADA
½ xícara de vinagre de arroz
¼ de xícara de água
¼ de xícara de molho tamari ou de soja
2 colheres (sopa) de óleo de gergelim torrado
1 colher (sopa) de maple syrup, melado ou xarope de agave
2 dentes de alho bem picados
1 berinjela média (cerca de 450 g)

### NOODLES
225 g de sobá*
1 colher (sopa) de óleo de gergelim torrado
1 colher (sopa) de vinagre de arroz
3 colheres (sopa) de água
½ xícara de manjericão fresco cortado em tirinhas
1½ colher (sopa) de gergelim

Comida a jato

# FLAUTAS ASSADAS DE MILHO E PIMENTA VERDE

Se você já sabe o que são flautas, não precisamos fazer propaganda delas. Caso contrário, sente aí com papel e caneta porque vamos te dar uma lição. Para ficar mais elegante, sirva com salsa e guacamole.

**CERCA DE 12 UNIDADES FEITAS COM TORTILHAS TRADICIONAIS**

óleo para borrifar
1 colher (chá) de azeite de oliva
1 xícara de cebola branca ou amarela picada (cerca de ½ cebola)
2 colheres (chá) de pimenta em pó
¾ de colher (chá) de cominho em pó
½ colher (chá) de sal
4 a 5 dentes de alho picados
3 xícaras de feijão-carioquinha cozido
1 lata (115 g) de pimenta verde suave em conserva*
suco de ½ limão-taiti
1 xícara de milho-verde cozido e escorrido**
12 tortilhas de farinha de trigo

*No supermercado, fica em uma latinha perto das salsas. Se não encontrar, asse 2 pimentas poblano da mesma maneira que os pimentões da pág. 189.*

**Cerca de 1 espiga. Se não tiver outro jeito, dá pra usar congelado.*

**1** Aqueça o forno a 200 °C. Pegue uma assadeira grande e borrife um pouco de óleo.

**2** Em uma frigideira grande, aqueça o azeite em fogo médio e refogue a cebola por cerca de 5 minutos, até começar a dourar. Junte a pimenta em pó, o cominho, o sal e o alho. Frite por 30 segundos e desligue o fogo.

**3** Misture o feijão, a pimenta verde e o suco de limão em uma tigela grande. Amasse com o espremedor de batatas ou com um garfo, até obter uma pasta. Tudo bem se ficarem alguns feijões inteiros aqui e ali; não precisa passar a porra do dia inteiro amassando o recheio. Junte a cebola refogada e o milho; misture bem. Está pronto.

**4** Aqueça as tortilhas em uma frigideira, no forno ou no micro-ondas. Pegue cerca de 2 colheres (sopa) lotadas de recheio e espalhe em uma linha bacana na beirada do lado esquerdo de uma tortilha, de cima para baixo. Enrole essa belezinha de um jeito legal e apertado, da esquerda para a direita. Você pode até passar um pouco da pasta do lado oposto da tortilha, para ajudar a manter no lugar. Coloque na assadeira, com a emenda para baixo, deixando espaço para manter as outras flautas a uns 2,5 a 5 cm de distância umas das outras. Veja se o recheio chega até as extremidades da tortilha e ajuste a maneira de espalhar a pasta enquanto prepara as próximas. Isso aí. Trabalhe até ficar sem tortilhas ou sem recheio.

**5** Borrife tudo com óleo e asse por 10 minutos. Quando as flautas saírem do forno, devem estar com a base dourada – caso contrário, asse por mais um tempinho. Depois disso, vire e leve de volta ao forno por mais 5 a 7 minutos, para dourar e ficar crocante dos dois lados. Sirva morno, coberto com alface e salsa para impressionar outros babacas.

# FEIJÃO-FRADINHO DEFUMADO COM BATATA-DOCE ASSADA E VERDURAS

Ninguém vai ficar com frescurinha na hora em que você aparecer com esta lindeza. Um pouco adocicada, um pouco defumada, mas, acima de tudo, deliciosa.

6 PORÇÕES

- 1½ xícara de feijão-fradinho seco
- 6 batatas-doces de médias para grandes
- 2 colheres (chá) de azeite de oliva
- 1 cebola cortada em pedacinhos
- 3 talos de salsão cortados em pedacinhos
- ¼ de colher (chá) de sal
- ½ colher (chá) de pimenta-da-jamaica em pó*
- ½ colher (chá) de noz-moscada ralada
- ½ colher (chá) de páprica
- 2 a 3 dentes de alho picados
- 3 a 4 pimentas chipotle em conserva picadinhas**
- 3 xícaras de caldo de legumes
- 2 ou 3 porções de Verduras refogadas (pág. 108)

**1** Lave o feijão e retire todas as impurezas ou grãos bichados. Coloque em uma vasilha grande e cubra com água. Deixe de molho de um dia para o outro ou por pelo menos 6 horas. Escorra e vá cozinhar.

**2** Aqueça o fogo a 200 °C. Pegue a batata-doce e fure com um garfo em uns dois ou três lugares. Isso facilita na eliminação do vapor enquanto elas assam e ajuda você a extravasar um pouco de fúria. Coloque em uma assadeira e leve ao forno por cerca de 45 minutos, até conseguir enfiar uma faca nas batatas com facilidade.

**3** Em uma panela grande, aqueça o azeite em fogo médio e refogue a cebola até dourar em alguns lugares, por cerca de 5 minutos. Junte o salsão e cozinhe por mais 2 minutos, até começar a ficar macio. Acrescente o sal e as especiarias; salteie por 30 segundos. Adicione o alho e a pimenta e deixe por mais 30 segundos.

**4** Junte o feijão e o caldo de legumes à panela; espere começar a ferver. Cozinhe, sem tampar, até ficar macio: vai de 30 minutos a 1 hora, dependendo do tempo em que os grãos ficaram de molho e se são novos ou mais velhos. Caso o líquido evapore, junte mais caldo ou água. Ou, se ainda houver água e os feijões já estiverem macios, basta escorrer – não precisa fazer drama. Prove e acrescente mais ervas ou especiarias se achar necessário.

**5** Prepare a verdura refogada um pouco antes de as batatas ficarem prontas.

**6** Tire as batatas do forno e corte ao meio no sentido do comprimento; revolva a polpa com um garfo. Se quiser, junte um pouco de óleo de coco e uma pitada de sal para deixar menos adocicado. Distribua pelo menos 1 xícara de feijão e 2 xícaras de verdura sobre as batatas e sirva imediatamente.

\* *Não se trata propriamente de uma pimenta, mas de uma semente – o nome causa confusão mesmo. Aparece em diversas receitas caribenhas e fica junto de outros temperos no supermercado.*

\*\* *Essas pimentas defumadas em conserva são vendidas em uma latinha, geralmente na seção de produtos importados ou mexicanos. Antes de picar, abra e retire as sementes. Se quiser bem picante, mantenha algumas sementes – mas lembre-se de que as consequências podem vir no dia seguinte...*

## POR QUE DIABOS OS FEIJÕES TÊM ESSA PINTINHA?

Comida a jato

# FEIJÃO ASSADO com MAÇÃ

Ao lado do Hambúrguer de feijão-branco e lentilha vermelha (pág. 198) ou em uma tigela com o Pilaf de painço e brócolis assados (pág. 71) e Verduras refogadas (pág. 108), este troço vicia.

**6 PORÇÕES COMO ACOMPANHAMENTO**

**1** Escolha o feijão e retire os grãos que estiverem bichados. Coloque em uma tigela grande, cubra com a água e deixe hidratar durante a noite.

**2** Quando o feijão estiver mais macio, é hora de preparar uma coisa linda pro jantar. Escorra os grãos. Em uma panela grande, aqueça o azeite em fogo médio. Refogue a cebola até começar a dourar, por cerca de 5 minutos. Junte o alho e a páprica, frite por 30 segundos e acrescente o feijão, o molho de tomate, o melado, o vinagre, o açúcar mascavo, o molho de soja e o alecrim. Misture tudo, espere ferver e adicione o caldo. Pode parecer que você está preparando uma poção mágica, ou algo do gênero, mas vá em frente.

**3** Cozinhe até os feijões ficarem quase macios. Deve levar cerca de 1 hora, mas realmente depende do tempo que os grãos ficaram de molho e se são novos ou mais velhos. Quando estiverem quase prontos, junte a maçã. Cozinhe por mais 30 minutos, até tudo ficar macio. Tire o galho do alecrim e sirva.

*Sim, com o galho e tudo. As folhas vão cair quando você cozinhar. Depois, é só retirar o galho quando o feijão estiver pronto.*

- 1½ xícara de feijão-branco seco
- 5 xícaras de água
- 2 colheres (chá) de azeite de oliva
- ½ cebola picada
- 1 dente de alho picado
- 1 colher (chá) de páprica defumada
- 1 lata (425 g) de molho de tomate sem sal ou com pouco sódio
- 1 colher (sopa) de melado
- 1 colher (sopa) de vinagre de maçã
- 2 colheres (sopa) de açúcar mascavo
- 2 colheres (chá) de molho de soja ou tamari
- 1 ramo de alecrim fresco*
- 2½ xícaras de caldo de legumes
- 1 maçã média, do tipo que você quiser, cortada em cubinhos

# ARROZ SALTEADO COM BATATA--DOCE E ESPECIARIAS

O truque para fazer um bom arroz salteado é usar sobras frias. Se os grãos acabaram de ser cozidos, ficam empapados e a receita não funciona. Então nada de praguejar se der errado — a gente avisou. Junte um pouco de Tofu frito sem óleo (pág. 182) para uma belíssima refeição.

**4 PORÇÕES COMO ACOMPANHAMENTO OU APENAS 1 PARA GARANTIR O JANTAR SOLITÁRIO DE DUAS NOITES**

1 batata-doce média (340 a 450 g)
2 colheres (chá) de óleo de sabor neutro*
2 colheres (sopa) de água, mais um pouco se necessário
½ cebola pequena picada
1 cenoura picada
¼ de colher (chá) de mistura de 5 especiarias chinesas**
1 a 2 dentes de alho picados
1½ colher (sopa) de molho de soja ou tamari
1 colher (sopa) de vinagre de arroz
1 colher (chá) de pasta de pimenta ou molho de pimenta ao estilo oriental, como Sriracha
4 xícaras de arroz cateto integral cozido, que tenha sido refrigerado por algumas horas
1 xícara de verduras amargas*** picadas
½ xícara de cebolinha picada
1 xícara de ervilha congelada (descongele antes de usar)

**1** Descasque a batata-doce e corte em cubos do tamanho de um dado.

**2** Em uma wok ou frigideira grande, aqueça 1 colher (chá) de óleo em fogo médio. Junte a batata-doce e a água, mexendo com frequência para fritar. Se começar a grudar, acrescente um pouco mais de água, conforme o necessário. Cozinhe por 5 a 8 minutos, até ficar quase macia e dourada em algumas partes. Adicione a cebola e a cenoura; frite por mais 3 minutos, até a cebola ficar translúcida. Junte a mistura de especiarias e o alho, mexa bem e retire tudo da frigideira. Limpe o fundo da frigideira com papel-toalha, porque ainda não acabou.

**3** Em uma tigela pequena, misture o molho de soja, o vinagre e a pasta de pimenta. Leve a frigideira de volta ao fogo médio e aqueça 1 colher (chá) de óleo. Junte o arroz e frite por 3 a 5 minutos, até começar a ficar quente. Regue com o molho, misture bem e acrescente os legumes cozidos. Frite por mais 1 minuto, para incorporar bem. Acrescente a verdura, a cebolinha e a ervilha. Desligue o fogo e sirva imediatamente.

*Semente de uva, amendoim ou óleo de gergelim sem ser torrado seriam bacanas.*

**Na maioria das lojas, fica junto com as outras especiarias. É uma mistura em partes iguais de cravo-da-índia, anis-estrelado, canela, pimenta-do-reino, gengibre em pó e sementes de erva-doce. Saborosa pra cacete e você precisa ter em casa. Se não encontrar, prepare seu próprio mix ou deixe de fora e dê uma bronca no gerente do mercado por não vender essa delícia.*

***Mostarda ou rúcula vão bem caso você não encontre agrião, essa lindeza parecida com erva daninha que a gente usou aqui.*

# NÃO HÁ DELIVERY QUE SE COMPARE A ISTO

PARE DE SERVIR AQUELA
# GOROROBA EMPAPADA

E EXPERIMENTE ESTA
# SALADA
"MARAVILAWSA"

# COLE SLAW CREMOSA COM AMENDOIM

Misturar manteiga de amendoim com repolho pode parecer uma desgraça, mas é delicioso. Este acompanhamento pode acabar viciando se for servido com os Noodles cítricos com pepino e cenoura (pág. 103), a Berinjela grelhada com sobá (pág. 89) e/ou os Rolinhos tailandeses com gengibre e cogumelo (pág. 84). Dane-se, também dá pra comer sozinho.

**4 PORÇÕES COMO ACOMPANHAMENTO**

**1** Prepare o molho: em uma tigela média, misture a manteiga de amendoim e a água morna, até ficar cremoso. Junte os outros ingredientes e mexa muito bem.

**2** Em uma vasilha grande, misture os ingredientes da salada. Regue com o molho e mexa para cobrir tudo. Sirva no próprio dia.

**MOLHO DE AMENDOIM**

3 colheres (sopa) de manteiga de amendoim
2 colheres (sopa) de água morna
3 colheres (sopa) de vinagre de arroz
2 colheres (sopa) de suco de limão-taiti
1 colher (sopa) de gengibre fresco picado
1½ colher (chá) de molho de pimenta tipo Sriracha ou outro molho picante de estilo oriental
½ colher (chá) de molho de soja ou tamari

**COLE SLAW**

3 xícaras de repolho roxo cortado em tirinhas
3 xícaras de repolho verde cortado em tirinhas
1 cenoura cortada em palitos finos
⅓ de xícara de cebolinha bem picada

# ARROZ
## DE COCO E LIMÃO
## COM FEIJÃO-ROXINHO
## E MANGA

Esta maravilha feita em apenas uma panela obriga todos os outros acompanhamentos a alcançar seu padrão de excelência — ou simplesmente serão esquecidos.

**4 A 6 PORÇÕES COMO ACOMPANHAMENTO**

**1** Lave o arroz com água fria. Em um caldeirão, aqueça o óleo em fogo médio e refogue a chalota por cerca de 3 minutos, até começar a dourar em alguns pontos. Junte o gengibre e salteie por 30 segundos, até desprender um aroma bom. Acrescente o arroz e mexa por cerca de 2 minutos, até parecer levemente tostado. Adicione o leite de coco, o caldo, o sal e a pimenta-de-caiena. Espere ferver, misture, tampe e reduza para fogo baixo. Mantenha em cozimento lento e esqueça da panela até o arroz ficar macio e absorver quase todo o líquido – cerca de 40 minutos. Se o líquido acabar antes, não fique estressado: basta acrescentar um pouco de caldo ou água.

**2** Enquanto isso, corte a manga em pedaços médios. (Não sabe fazer isso? Vire a página para aprender. Você deve obter cerca de 1½ xícara de polpa a partir de uma manga.)

**3** Quando o arroz ficar macio, junte o feijão, as raspas e o suco de limão e a manga. Cozinhe por mais 1 ou 2 minutos, para aquecer por igual. Sirva morno polvilhado de coentro ou cebolinha.

\* *Semente de uva, amendoim ou óleo de gergelim sem ser torrado seriam bacanas.*

\*\* *Cerca de 4 chalotas ou ½ cebola pequena.*

\*\*\* *Veja Dica Esperta, pág. 102.*

\*\*\*\* *Se não aguentar o tranco, desencana disso.*

\*\*\*\*\* *Ou 2 latas de 425 g. Também dá para usar feijão-preto.*

2 xícaras de arroz cateto integral
2 colheres (chá) de óleo de sabor neutro\*
1 xícara de chalota ou cebola em cubos\*\*
1½ colher (sopa) de gengibre fresco picado
1 xícara de leite de coco\*\*\*
2½ xícaras de caldo de legumes
¼ de colher (chá) de sal
uma pitada de pimenta-de-caiena\*\*\*\*
1 manga
1½ xícara de feijão-roxinho cozido\*\*\*\*\*
raspas e suco de 1 limão-taiti
coentro ou cebolinha picados, para servir

## O BASICÃO

### COMO CORTAR UMA MANGA

Por causa do caroço gigante e oval, duro como pedra, cortar manga pode ser difícil pra cacete. Siga os passos adiante e não encane mais a respeito disso.

1. Passe a faca através da manga, de cima para baixo, sem chegar ao caroço. É como se você estivesse separando um pedação da polpa. Faça isso dos dois lados da fruta.

2. Com a ponta da faca, faça um padrão quadriculado na polpa de cada metade, sem cortar também a casca. Em seguida, passe a faca nas extremidades, entre a polpa e a casca. Tá, e agora?

3. Com os dedos, vire a manga "do avesso" e os cubos estarão à sua espera como se fosse um porco-espinho feito de fruta. Retire com uma colher e siga com a receita.

### LEITE DE COCO LIGHT

Trata-se, apenas, do leite de coco comum misturado com água – mas ambos custam a mesma coisa. Compre o produto normal, pois você pode diluir em casa. Comece a dar valor ao seu dinheiro, cara.

**DICA ESPERTA**

# NOODLES CÍTRICOS
## COM PEPINO E CENOURA

Esta receita vai sempre direto ao ponto. Para uma refeição completa, sirva sobre uma cama de verduras, como espinafre, e cubra com o Tofu assado com gengibre e gergelim (pág. 105).

**4 PORÇÕES COMO ACOMPANHAMENTO**

**1** Em uma tigela pequena, misture todos os ingredientes do molho.

**2** Cozinhe a massa de acordo com as instruções da embalagem, porque cada uma é diferente da outra. Quando estiver pronta, escorra e lave com água fria para interromper o cozimento e não ficar empapada.

**3** Enquanto os noodles cozinham, corte os legumes e a cebolinha.

**4** Em uma tigela grande, junte a massa, a cenoura, o pepino e o molho. Misture bem. Acrescente a cebolinha e as sementes de gergelim. Sirva frio ou em temperatura ambiente.

*\* Você pode usar udon, lamen, massa integral ou qualquer outro macarrão, mas o sobá (feito de trigo-sarraceno) é a melhor pedida, caso encontre.*

### MOLHO CÍTRICO COM GERGELIM

¼ de xícara de vinagre de arroz
2 colheres (sopa) de água
2 colheres (sopa) de suco de laranja
2 colheres (sopa) de óleo de gergelim torrado
1½ colher (sopa) de gengibre fresco picado
1 colher (sopa) de molho de soja ou tamari
1 colher (sopa) de suco de limão-siciliano

### NOODLES E LEGUMES

225 g de sobá*
2 cenouras pequenas cortadas em palitos
2 pepinos pequenos cortados em palitos
⅔ de xícara de cebolinha picada
1½ colher (sopa) de gergelim torrado

## COMO ASSAR TOFU

Por que todo mundo morre de medo do tofu? Essa belezura é mal compreendida. Sim, ele pode ser sem graça e molenga, mas isso porque as pessoas não sabem como preparar direito e fazem propaganda negativa do coitado. Não é difícil; a maioria só tem preguiça. Mas a gente descobriu como fazer direito. Jogue em uma marinada saborosa e depois asse em forno alto para obter um tofu que vale a pena, e não algo difícil de encarar e que você come só porque é saudável. Experimente e veja como você se sai melhor do que todo mundo.

**1.** Pegue o tofu extrafirme, seque, embrulhe em papel-toalha ou pano de prato limpo, coloque entre dois pratos e cubra com algo pesado, como uma lata de feijão em conserva. Isso ajuda a retirar o líquido em que ele estava embalado e garante que absorva o tempero. Deixe por 30 minutos a 1 hora e, enquanto isso, vá tirar um cochilo.

**2.** Em seguida, misture os ingredientes da marinada em uma vasilha rasa e com bordas – como uma fôrma para torta ou algum outro recipiente em que seja possível colocar o tofu em uma única camada.

**3.** Corte em placas com não mais de 0,5 cm. A partir de um bloco de tofu, você deve obter cerca de doze placas. Coloque na marinada, veja se está tudo bem coberto e deixe na geladeira de 2 a 8 horas. Se lembrar, dê uma mexida de vez em quando.

**4.** Um pouco antes de servir, aqueça o forno a 230 °C e unte uma assadeira.

**5.** Tire o tofu da marinada (reserve o líquido) e distribua as placas na assadeira. Leve ao forno por 15 minutos, vire e distribua um pouco da marinada sobre cada pedaço. Asse por mais 10 minutos, vire e tempere novamente. Volte ao forno por mais 5 minutos. As beiradas devem começar a parecer um pouco queimadas. É assim mesmo: mantenha a calma. Deixe descansar por alguns minutos, para firmar, e corte no formato que quiser.

O tofu marinado e assado é ótimo em saladas, wraps e massas, receitas que pedem um pouco mais de proteína e que podem não combinar com leguminosas.

## Marinadas para tofu

Escolha uma delas e misture todos os ingredientes em uma vasilha rasa, com bordas, que acomode os pedaços de tofu em uma única camada (veja as instruções na página ao lado).

**RENDEM O SUFICIENTE PARA 1 BLOCO DE TOFU**

### MARINADA DE GENGIBRE E GERGELIM

¼ de xícara de molho de soja ou tamari
¼ de xícara de vinagre de arroz
2 colheres (sopa) de suco de limão-taiti
2 colheres (sopa) de açúcar mascavo
1 colher (sopa) de gengibre fresco picado
2 colheres (chá) de óleo de gergelim torrado
2 colheres (chá) de Sriracha ou outro molho de pimenta
2 dentes de alho cortados em fatias grossas

### MARINADA DEFUMADA DE MAPLE

¼ de xícara de molho de soja ou tamari
¼ de xícara de caldo de legumes ou água
2 colheres (sopa) de maple syrup
1 colher (sopa) de fumaça líquida*
1 colher (sopa) de suco de limão-siciliano
1 colher (sopa) de massa de tomate
1 colher (sopa) de azeite de oliva
2 dentes de alho cortados em fatias grossas

### MARINADA CÍTRICA ADOCICADA

½ xícara de suco de laranja
¼ de xícara de molho de soja ou tamari
1 colher (sopa) de açúcar mascavo
1 colher (sopa) de gengibre fresco picado
1 colher (sopa) de azeite de oliva
2 colheres (chá) de Sriracha ou outro molho de pimenta
2 dentes de alho cortados em fatias grossas

*Que diabos é isso? Vá para a pág. 38.*

# WRAPS DE ALFACE, ERVILHA SECA E CEBOLINHA

Já está cansado daqueles wraps sem graça de alface? A gente também. Experimente estas delícias crocantes e lembre-se de como pode ser divertido comer com as mãos.

**12 A 14 UNIDADES**

1½ xícara de ervilha amarela seca
3 xícaras de água
sal

**MOLHO**
2 colheres (sopa) de molho de soja ou tamari
2 colheres (sopa) de água
2 colheres (sopa) de vinagre de arroz
1 a 2 colheres (chá) de molho de pimenta ao estilo oriental*
1 colher (chá) de óleo de gergelim torrado
1 colher (chá) de maple syrup, melado ou xarope de agave

**WRAPS**
2 colheres (chá) de óleo de sabor neutro
½ xícara de chalota ou cebola picada
2 colheres (chá) de gengibre fresco picado
1 xícara de cebolinha picada
⅔ de xícara de cenoura ralada
3 colheres (sopa) de vinagre de arroz
1½ colher (chá) de molho de soja ou tamari
1½ colher (chá) de óleo de gergelim torrado
um pé de alface, como roxa ou romana

**1** Lave bem a ervilha e coloque em uma panela média, com a água e uma pitada de sal. Espere ferver, reduza o fogo e cozinhe por 10 a 15 minutos, até ficar macio. Dá pra saber só de experimentar. Escorra e reserve.

**2** Enquanto isso, misture todos os ingredientes do molho em uma tigela pequena.

**3** Aqueça o óleo em uma wok ou frigideira grande em fogo médio e refogue a chalota por cerca de 3 minutos, até começar a dourar. Junte o gengibre e a cebolinha; salteie por 30 segundos. Acrescente a ervilha e a cenoura, misture e junte o vinagre e o molho de soja. Deixe ferver por uns 30 segundos, mexendo. Adicione o óleo de gergelim e desligue o fogo.

**4** Sirva o recheio morno ou em temperatura ambiente com um punhado de folhas de alface, como se fossem tortilhas, e com o molho à parte. Vai ser divertido pra caramba.

*Opcional, mas você deveria experimentar coisas novas.*

# VERDURAS REFOGADAS

Não sabe muito bem como preparar verduras? Vamos acabar com isso. Estes são os passos básicos para quem não sabe fazer nada.

**2 PORÇÕES COMO ACOMPANHAMENTO**

um maço de verduras substanciosas, escuras e firmes, como couve
½ colher (chá) de azeite de oliva ou óleo de semente de uva
1 colher (sopa) de água
2 dentes de alho picados
2 colheres (chá) de suco de limão-siciliano
1 colher (chá) de molho de soja ou tamari

**1** Retire os talos duros e corte as verduras em tiras com cerca de 2,5 cm de largura e 5 cm de comprimento. Você deve obter cerca de 6 xícaras. Pode parecer muito, mas elas murcham demais quando cozinham. Acredite.

**2** Em uma wok ou frigideira grande, aqueça o azeite em fogo médio. Junte as verduras e mexa até untar tudo. Cozinhe por cerca de 30 segundos.

**3** Acrescente a água, o alho, o suco de limão e o molho de soja. Continue a mexer, para cozinhar por igual. Não deve levar mais do que 1 minuto e meio. Quando murchar, tire do fogo e sirva.

# ARROZ DE FORNO ESPANHOL

Coloque isto no forno e esqueça até a hora do jantar.

4 A 6 PORÇÕES COMO ACOMPANHAMENTO;
8 PORÇÕES COMO RECHEIO DE BURRITO

**1** Aqueça o forno a 190 °C. Separe um refratário de 23 x 33 cm.

**2** Bata a cebola, o tomate, o alho, a pimenta e a massa de tomate no processador ou no liquidificador por cerca de 30 segundos, até ficar homogêneo. Você deve obter cerca de 2 xícaras de molho. Transfira para uma panela média, junte o caldo e espere ferver em fogo médio.

**3** Enquanto isso, espalhe o arroz no fundo do refratário, regue com o azeite e polvilhe o sal.

**4** Quando o caldo estiver borbulhando levemente, despeje sobre o arroz, mexa para misturar tudo, cubra bem com papel-alumínio e leve ao forno. Asse por 1 hora – e tente não ficar olhando, porque o vapor escapa toda vez que você abrir o forno e, com isso, o arroz não vai cozinhar direito. Mantenha o forno a 190 °C e tudo bem.

**5** Depois de 1 hora, tire o refratário do forno e solte o arroz com um garfo, para misturar. Se ainda não estiver cozido, junte ¼ de xícara de caldo ou água, cubra e asse por cerca de 10 minutos. Junte o milho, a ervilha, o suco de limão e o coentro; misture bem. Se quiser, tempere com mais uma pitada de sal. Sirva imediatamente.

*\* Fresco ou congelado, não importa muito (descongele antes de usar).*

½ cebola picada (cerca de 1 xícara)
2 tomates picados (cerca de 1¼ xícara)
3 dentes de alho picados
1 pimenta jalapeño picada
1 colher (sopa) de massa de tomate
2½ xícaras de caldo de legumes
2 xícaras de arroz agulhinha integral
1½ colher (sopa) de azeite de oliva ou óleo de semente de uva
½ colher (chá) de sal
1 xícara de milho cozido e escorrido\*
1 xícara de ervilha\*
1 colher (sopa) de suco de limão-taiti (cerca de ½ limão)
¼ de xícara de coentro fresco picado

Comida a jato

# *para aquecer a alma*

SOPAS E ENSOPADOS

# SOPA DE LENTILHA VERMELHA COM LIMÃO

Não se parece em nada com aquela gororoba marrom que você encontra em lugares que matam a comida. A gente não faria desse jeito. As especiarias e o limão transformam esta receita em uma iguaria que você realmente tem vontade de comer.

**4 PORÇÕES COMO PRATO PRINCIPAL, 6 COMO ACOMPANHAMENTO**

**1** Em uma panela bem grande, aqueça o azeite em fogo médio e refogue a cebola por cerca de 3 minutos, até começar a ficar macia e levemente dourada. Sim, "levemente dourada", parceiro. Agora junte a batata e a cenoura, refogue por mais 2 minutos e acrescente o alho e as especiarias. A essa altura, o cheiro em sua cozinha começa a ficar maravilhoso. Salteie por mais 30 segundos e adicione o sal, a lentilha e o caldo.

**2** Cozinhe, sem tampar, por 15 a 20 minutos, até que a lentilha fique macia e comece a se desfazer um pouco. Mexa de vez em quando. Junte as raspas e o suco de limão e desligue o fogo. Agora você decide: sirva assim, mais pedaçuda, ou bata metade no liquidificador, para ficar meio cremosa. Sua sopa, sua escolha. Batida, ela engrossa um pouco se você aquecer em fogo baixo por 1 ou 2 minutos. Pode acreditar. É mágica, meu chapa.

**3** Sirva morna e, se quiser, polvilhe coentro picado.

*\* O coentro tem uma semente supersaborosa, mas que não se parece em nada com as folhas da planta – é outra coisa. Se não encontrar, desencane e use mais ½ colher (chá) de cominho em pó.*

- 1 colher (chá) de azeite de oliva ou óleo de coco
- ½ cebola picada
- 1 batata grande sem casca e cortada em cubos do tamanho de dados
- 1 cenoura picada
- 2 dentes de alho picados
- 1 colher (chá) de coentro em pó*
- ½ colher (chá) de cominho em pó
- ¼ de colher (chá) de sal
- 2 xícaras de lentilha vermelha lavada
- 6 xícaras de caldo de legumes
- ½ colher (chá) de raspas de limão-siciliano
- 1 colher (sopa) de suco de limão-siciliano
- ½ xícara de coentro fresco picado (opcional)

Para aquecer a alma | 113

## COMO FAZER CALDO DE LEGUMES COM AS SOBRAS

Um monte de receitas deste livro pede caldo de legumes e não queremos que você use aquela porcaria industrializada vendida nos supermercados. É perfeitamente possível preparar esse líquido saboroso com as sobras que você descarta enquanto cozinha: tão fácil quanto enfiar as sobras em um saco plástico e ferver água. Olha como você pode ser esperto, economizando e reduzindo o desperdício.

Mantenha um saco plástico no freezer e vá acrescentando quaisquer sobras que você produza: aparas de cebola, casca de cenoura, salsão, alho, pedaços de cebolinha e as extremidades do alho-poró. Inclua também qualquer coisa que você comprou em excesso e começa a ficar com cara de passado: cogumelo, pimentão, erva-doce e ervas, como salsinha, alecrim e tomilho, que secaram ou murcharam. Mas deixe de fora coisas amargas, a exemplo de repolho, brócolis, couve-flor, couve-de-bruxelas e qualquer coisa que tenha começado a apodrecer ou mofar. E, basicamente, se você acha que a água em que qualquer hortaliça foi cozida pode ter gosto bom, experimente também. É a coisa mais fácil que existe.

1. Quando o saco plástico estiver realmente cheio, é hora de começar. Você vai precisar de cerca de 5 xícaras de aparas. Coloque em uma panela com cerca de 9 xícaras de água.

2. Espere ferver em fogo médio. Junte 1 colher (chá) de sal e um pouco de pimenta-do-reino, para deixar mais bacana. Se tiver, acrescente 2 folhas de louro. Deixe ferver, sem tampar, por cerca de 1 hora, para extrair todo o sabor dos alimentos.

3. Desligue o fogo e espere esfriar. Coe em uma peneira ou através de um pano de prato e está pronto. Dá para congelar o caldo para usar mais tarde ou deixar na geladeira por 1 semana. Coloque o saco plástico no freezer outra vez e espere até encher novamente.

### MISSÔ (MASSA DE SOJA)

Feita de grãos de soja fermentados, disponível em versão aka (a mais comum, um pouco mais escura e salgada e a mais utilizada neste livro) ou shiro (mais clara e leve). Por ser fermentada, está repleta de probióticos e todas aquelas coisas boas que ajudam no funcionamento do intestino. Sempre acrescente o missô por último, quando fizer sopa, para que ele não se aqueça demais e perca esses valores todos. Procure na seção refrigerada de bons supermercados ou lojas de produtos orientais. Sim, tire a bunda da cadeira e vai lá procurar.

# SOPA DE LEGUMES E NOODLES COM **CALDO** DE GENGIBRE E MISSÔ

Nem pense em macarrão instantâneo. Esta sopa é perfeita para os dias em que a gripe parece estar chegando e você não tem forças para cozinhar. Dedique alguns minutos para prepará-la e deixe o pacote de massa instantânea para aquele kit-pós-apocalipse-zumbi que você guarda embaixo da cama.

**2 PORÇÕES GRANDES OU 4 COMO ACOMPANHAMENTO**

**1** Para o caldo, descasque o gengibre usando uma colher. Corte em palitos com 0,5 cm de espessura. Corte o alho em fatias grossas e a cenoura em pedaços grandes. Aqueça uma panela média em fogo médio. Quando estiver quente, coloque o gengibre e a cenoura, sem óleo nenhum. Mexa por cerca de 2 minutos. Tudo bem se grudar um pouco: raspe com a colher e vá em frente. Junte o alho e continue a mexer por mais 1 minuto. Acrescente o caldo e o coentro e deixe ferver por 15 minutos.

**2** Enquanto isso, cozinhe os noodles de acordo com as instruções da embalagem.

**3** Depois dos 15 minutos, retire o gengibre, o alho, a cenoura e o coentro do caldo; use uma escumadeira. Junte o molho de soja e os brócolis e cozinhe por 1 ou 2 minutos, até a hortaliça não parecer mais crua, e desligue o fogo. Retire ½ xícara do caldo e dissolva nela o missô, mexendo para desfazer os grumos. Volte à panela e prove. Delicioso, não?

**4** Para servir, coloque um punhado de noodles no fundo de uma tigela. Junte um punhado de cenoura, ervilha-torta e cebolinha. Cubra com o caldo quente e pedaços de brócolis e reserve por 1 minuto, para amolecer cenoura e a ervilha-torta. Cubra com um pouco mais de cebolinha e seus condimentos preferidos.

\* *É, com os talos e tudo.*

\*\* *Que diabos é isso? Veja a página ao lado.*

\*\*\* *Uma espremida de suco de limão-taiti, um pouco de óleo de gergelim torrado, algumas gotas de Sriracha são boas pedidas, mas você escolhe.*

**CALDO**

1 pedaço de 10 cm de gengibre fresco
2 dentes de alho grandes
1 cenoura
6 xícaras de caldo de legumes ou água
10 ramos de coentro\*

**NOODLES E LEGUMES**

225 g de sobá, udon ou macarrão de arroz
¼ de colher (chá) de molho de soja ou tamari
1¼ xícara de brócolis cortados em pedaços médios
1½ colher (chá) de missô\*\*
1 cenoura cortada em palitos finos
1 xícara de ervilha-torta cortada em palitos
⅓ de xícara de cebolinha bem picada

seus condimentos preferidos\*\*\*

Para aquecer a alma

# POZOLE ROJO

Metade sopa, metade chili, é um prato tradicional mexicano bastante substancioso, e você ainda pode incrementar com uma porção de coisas.

**6 PORÇÕES PARA PESSOAS FAMINTAS, SEM PROBLEMAS**

5 pimentas secas grandes*
2 xícaras de água morna
1 cebola grande
5 dentes de alho
1 abobrinha-italiana
2 colheres (sopa) de cacau em pó sem açúcar**
1 colher (chá) de azeite de oliva
225 g de tempeh
2 colheres (chá) de molho de soja ou tamari
3½ xícaras (aproximadamente 820 g) de canjica de milho branca
1 colher (sopa) de orégano desidratado
2 colheres (chá) de cominho em pó
¼ de colher (chá) de sal
5 xícaras de caldo de legumes
1 colher (chá) de maple syrup, xarope de agave ou melado
suco de 1 limão-taiti
coberturas: repolho em tirinhas, cebolinha picada, rabanete em tirinhas, coentro, abacate em fatias, gomos de limão-taiti

**1** Em uma grelha ou panela grande, toste a pimenta seca dos dois lados, até ficar maleável e macia, por cerca de 2 minutos. Preste atenção e não deixe queimar. Quando estiverem boas, coloque em uma tigela com a água morna e deixe hidratar por 15 a 20 minutos.

**2** Enquanto isso, pique a cebola, o alho e a abobrinha. Retire a pimenta hidratada da água, mas reserve o líquido. Corte o topo, retire as sementes e pique. Bata no liquidificador com a água da hidratação, o alho e o cacau, até obter uma pasta quase homogênea, sem pedaços grandes.

**3** Em uma panela grande, aqueça o azeite e refogue a cebola por 2 minutos. Esfarele o tempeh sobre a panela, em pedaços pequenos, e refogue por cerca de 3 minutos, até tudo começar a dourar. Junte o molho de soja, a abobrinha, a canjica, o orégano, o cominho e o sal. Misture e acrescente a pasta de pimenta. Mexa para cobrir tudo com o tempero e adicione o caldo. Tampe e cozinhe por 15 a 20 minutos, para incorporar os sabores. Por fim, junte o maple syrup e o suco de limão. Prove e acerte o tempero como quiser.

**4** Sirva quente, com sua cobertura preferida.

*Guajillo, ancho ou qualquer pimenta grande que você encontrar pendurada nas bancas de feira ou mercados municipais.*

**Sim, a mesma coisa que você usa para fazer brownies.*

# MINESTRONE CONTRA O FRIO

É uma sopa no estilo "limpe a geladeira" que vai te aquecer pra caramba e mantê-lo satisfeito durante horas. Pegue um prato fundo, uma caneca ou uma tigela grande e mande bala. Para comer em grande estilo, sirva com pão italiano.

**4 A 6 PORÇÕES**

**1** Em uma panela grande, aqueça o azeite em fogo médio e refogue a cebola, a cenoura e o salsão por 3 a 5 minutos, até a cebola começar a dourar. Junte a batata, o alecrim, o alho, a pimenta em flocos e o louro. Frite por mais 30 segundos, acrescente o tomate e a lentilha e deixe mais 30 segundos.

**2** Agora, despeje todo o caldo e espere começar a ferver. Diminua o fogo e cozinhe até a lentilha estar quase macia e a batata, cozida – cerca de 15 minutos. Em seguida, adicione o sal, a massa e o repolho (se usar couve, não acrescente agora). Continue a ferver em fogo baixo por 5 a 10 minutos, até cozinhar o macarrão (depende do tipo). Se usar couve, junte à panela depois que a massa estiver cozida e ferva por mais 2 minutos.

**3** Adicione o vinagre e o suco de limão, mexa bem e retire do fogo. Misture a salsinha e o manjericão e deixe descansar por 1 ou 2 minutos. Prove para ver se precisa de mais alguma coisa, como pimenta-do-reino ou alecrim. Retire a folha de louro e sirva imediatamente.

*\* Se os tomates estiverem na estação e você quiser fazer esta sopa, use 3 unidades grandes, picadas.*

*\*\* A lentilha beluga é bem pequenininha e preta, parece uma porra de um caviar. Se você não encontrar, não esquente, manda bala na lentilha comum mesmo.*

- 2 colheres (chá) de azeite de oliva
- 1 cebola picada
- 2 cenouras cortadas em meias-luas
- 3 talos de salsão picados
- 1 batata ou nabo grande cortado em cubos
- 2 colheres (chá) de alecrim fresco picado
- 3 dentes de alho espremidos
- uma pitada de pimenta vermelha em flocos
- 1 folha de louro
- 1 lata (410 g) de tomate em cubos com pouco sódio*
- ½ xícara de lentilha beluga seca**
- 7 xícaras de caldo de legumes
- ¼ de colher (chá) de sal
- 1 xícara de massa miúda, como concha, estrela ou qualquer outra
- 5 xícaras de repolho verde ou couve em tirinhas
- 2 colheres (chá) de vinagre de vinho tinto
- suco de ½ limão-siciliano
- ⅓ de xícara de salsinha fresca picada
- ¼ de xícara de manjericão fresco picado
- pimenta-do-reino moída

# SOPA DE ABOBRINHA PARA ESQUENTAR

Não tire a casca da abobrinha, porque é onde fica a maior parte dos antioxidantes fodões. Fazer isso é uma burrada das grandes.

**4 PORÇÕES COMO ACOMPANHAMENTO**

1½ colher (sopa) de azeite de oliva
½ cebola picada
2 talos de salsão picados
1 cenoura em meias-luas finas
1 batata grande cortada em cubos
3 abobrinhas-italianas grandes cortadas em meias-luas finas
3 dentes de alho espremidos
½ colher (chá) de sal
4 xícaras de caldo de legumes
⅓ de xícara de cebolinha ou cebolinha-francesa picada

**1** Em uma panela grande, aqueça o azeite em fogo médio e refogue a cebola, o salsão e a cenoura até começar a dourar, por 3 a 5 minutos. Junte a batata, a abobrinha e o alho; cozinhe por mais 3 minutos. Acrescente o sal e o caldo e espere ferver. Cozinhe por 10 a 15 minutos, até a batata ficar macia.

**2** Desligue o fogo. Com um mixer, bata a sopa até ficar cremosa, sem muitos pedaços. (Também é possível usar o liquidificador, mas coloque a sopa batida de volta na panela). Aqueça novamente e espere borbulhar. Desligue o fogo, junte a cebolinha e prove. Se quiser, junte mais sal, alho, cebolinha, o que quiser. Sirva imediatamente.

# CHOWDER
## DE MILHO-VERDE E MANJERICÃO

Chowder é uma sopa cremosa bastante comum no nordeste dos Estados Unidos. Prepare esta receita no outono e no inverno, quando o milho está adocicado e gostoso pra caramba. Juntar manjericão no último minuto antes de servir é como trazer um pouco do calor do verão para o prato.

**4 A 6 PORÇÕES COMO ACOMPANHAMENTO**

**1** Em primeiro lugar, use uma faca afiada para retirar os grãos das espigas de milho. É mais fácil se você cortar a espiga ao meio, na horizontal, apoiar cada metade no centro de uma tigela grande e raspar os grãos de cima para baixo. Quando acabar, deve obter cerca de 4 xícaras de grãos. Não banque o preguiçoso: milho congelado não tem o mesmo sabor. Pique a cebola, o salsão, o pimentão e a batata em pedaços pequenos e esprema o alho. Ok, tudo pronto.

**2** Agora pegue uma panela grande, aqueça o azeite em fogo médio e refogue a cebola por cerca de 3 minutos, até dourar levemente. Junte o salsão, o pimentão, a batata e o alho; frite por cerca de 2 minutos. Acrescente o sal e 3 xícaras dos grãos de milho. Misture, adicione o caldo e cozinhe por cerca de 10 minutos, até a batata ficar macia.

**3** Desligue o fogo. Com um mixer, bata a sopa até ficar cremosa, sem muitos pedaços. (Também é possível usar o liquidificador, mas coloque a sopa batida de volta na panela.) Junte o milho restante e o suco de limão; volte ao fogo até ferver. Desligue o fogo, junte o manjericão e prove. Se quiser, acrescente mais sal, suco de limão ou manjericão, o que for. Sirva imediatamente com um pouco de manjericão polvilhado para deixar o prato tão elegante quanto delicioso.

- 6 espigas de milho-verde grandes, debulhadas
- ½ cebola
- 2 talos de salsão
- 1 pimentão vermelho
- 1 batata média
- 3 dentes de alho
- 2 colheres (sopa) de azeite de oliva
- ½ colher (chá) de sal
- 4 xícaras de caldo de legumes
- 2 colheres (sopa) de suco de limão-siciliano
- ¼ de xícara de folhas frescas de manjericão cortadas em tirinhas

# SOPA DE BATATA E ALHO-PORÓ

De tão saborosa, quase não dá pra acreditar que é feita com tão poucos ingredientes. É um milagre culinário, em milagrário.

**4 PORÇÕES COMO ACOMPANHAMENTO**

3 batatas grandes*
3 alhos-porós médios**
1 colher (sopa) de azeite de oliva
3 a 4 dentes de alho espremidos
4 xícaras de caldo de legumes
¼ de colher (chá) de sal
¼ de colher (chá) de pimenta-do-reino moída
¼ de xícara de cebolinha ou cebolinha-francesa picada
¼ de xícara de endro fresco picado

**1** Corte a batata em cubos de 2,5 cm – se quiser ser mais rústico, mantenha a casca. Retire as extremidades duras e folhosas do alho-poró e guarde para fazer caldo (veja pág. 114). Agora corte na transversal em tiras tão finas quanto um elástico de cabelo e lave muito bem.

**2** Em uma panela grande, aqueça o azeite em fogo médio e refogue o alho-poró por 3 a 4 minutos, até começar a ficar macio. Junte a batata e o alho. Misture e acrescente o caldo de legumes e o sal. Espere ferver, tampe e diminua o fogo, para ficar apenas borbulhando. Cozinhe por cerca de 15 minutos, até a batata ficar macia.

**3** Então transforme tudo em um creme. Você pode deixar esfriar um pouco e bater no liquidificador ou usar o mixer diretamente na panela e acabar num minuto. Faça o que achar melhor. Quando a sopa estiver cremosa, volte à panela, junte a pimenta-do-reino e aqueça novamente. Misture a cebolinha e prove. Se quiser, tempere com mais sal e pimenta-do-reino, você decide. Transfira para os pratos de servir e polvilhe endro fresco. Saboroso e elegante.

*Cerca de 450 g.*

**Quando você compra alho-poró, ele está sujo como o diabo, porque cresce em solo arenoso. Inteiro, pode ser difícil de limpar. Corte no tamanho desejado, jogue em uma tigela com água e mexa para que toda a sujeira saia e se acumule no fundo. Escorra e lave mais algumas vezes para não comer areia com o jantar.*

# CHILI DE ABÓBORA

Não se trata de chili vagabundo, daqueles que precisam se esconder atrás de muita gordura para se passar por bom. Porra, é o tipo da coisa gostosa que se sustenta sozinha.

**4 A 6 PORÇÕES, DEPENDENDO DO QUANTO AS PESSOAS GOSTAREM DE CHILI**

**1** Pique a cebola, a cenoura e o pimentão em pedaços bem pequenos, do tamanho de um grão de feijão.

**2** Em uma panela grande, aqueça o azeite em fogo médio e refogue a cebola, a cenoura e o pimentão por cerca de 5 minutos, até começar a dourar. Junte o alho, a pimenta jalapeño, o molho de soja e os temperos; frite por 30 segundos. Acrescente o tomate, a abóbora, o caldo e o feijão. Mexa para misturar e incorporar os sabores, essa coisa toda. Diminua o fogo, tampe e cozinhe por cerca de 15 minutos, mexendo de vez em quando.

**3** Desligue o fogo e junte o suco de limão. Sirva imediatamente, com suas coberturas preferidas.

\* *Se encontrar, tomates assados na brasa são deliciosos.*

\*\* *Cozinhe pedaços de abóbora-japonesa no vapor, até ficarem macios, e bata no liquidificador para obter 1½ xícara. Se tentar preparar a receita com purê de moranga, não reclame por ficar adocicado e intragável. Você é responsável pelas besteiras que faz.*

\*\*\* *Os feijões de sua preferência. Se quiser sugestões, metade de feijão-preto e metade de feijão-carioquinha é uma boa escolha. E, sim, dá pra usar feijão em conserva.*

- 1 cebola
- 1 cenoura
- 1 pimentão
- 1 colher (chá) de azeite de oliva
- 2 a 3 dentes de alho espremidos
- 1 pimenta jalapeño bem picada
- 2 colheres (chá) de molho de soja ou tamari
- 2½ colheres (sopa) de pimenta suave em pó
- 1 colher (chá) de orégano desidratado
- 1 colher (chá) de cominho em pó
- 1 lata (410 g) de tomate em cubos com pouco sódio\*
- 1½ xícara de purê de abóbora\*\*
- 2 xícaras de caldo de legumes ou água
- 3 xícaras de feijão cozido\*\*\*
- 1 colher (sopa) de suco de limão-taiti
- coberturas: coentro, cebola picada, pimenta jalapeño, abacate, tirinhas de tortilha

# SOPA DE TORTILHA

Esta sopa da velha guarda do sudoeste americano é tão boa que até sua avó aprovaria. Mas não deixe que ela escute você falando palavrões.

**4 PORÇÕES COMO PRATO PRINCIPAL, 6 COMO ACOMPANHAMENTO**

1 cebola
1 cenoura
1 pimentão
4 dentes de alho
1 a 2 pimentas jalapeño
1 colher (sopa) de azeite de oliva
2½ colheres (chá), cada, de cominho em pó, orégano desidratado e pimenta em pó
uma pitada de sal
1 lata (410 g) de tomate em cubos com pouco sódio*
¼ de xícara de massa de tomate
5 xícaras de caldo de legumes
1 colher (sopa) de suco de limão-taiti
6 a 8 tortilhas de milho quebradas em pedaços médios**
1½ xícara de grão-de-bico cozido***
coberturas: coentro picado, pimenta jalapeño picada, abacate, migalhas de tortilhas

**1** Corte a cebola, a cenoura e o pimentão em pedaços do tamanho de um grão-de-bico. Esprema o alho e pique bem a pimenta jalapeño. Agora, mãos à obra.

**2** Em uma panela grande, aqueça o azeite em fogo médio e refogue a cebola por cerca de 2 minutos, até começar a ficar transparente. Junte a cenoura e o pimentão e frite até dourar, por mais 3 minutos. Acrescente a pimenta jalapeño, o alho, os temperos e o sal; cozinhe por 30 segundos. Nesse ponto, o cheiro deve estar inebriante. Adicione o tomate e a massa de tomate – e misture tudo muito bem, para incorporar e não deixar que fique uma bolota de massa por cima de tudo. Junte o caldo e espere ferver.

**3** Chegou a hora de deixar tudo ainda mais irresistível. Acrescente o suco de limão e os quadradinhos de tortilha. Misture bem e cozinhe por cerca de 10 minutos, até que a tortilha fique macia. Desligue o fogo e, com o mixer, bata a sopa até ficar homogênea – ou passe pelo liquidificador, uma porção de cada vez. Você manda. Prove e junte qualquer coisa que achar necessário.

**4** Sirva com o grão-de-bico no centro de cada tigela e complete com pedaços de abacate, pimenta jalapeño picada e coentro. Migalhas de tortilhas também são bem-vindas.

*\* Comum ou assado na brasa.*

*\*\* Se quiser a sopa mais grossa, use 8.*

*\*\*\* Ou 1 lata de 425 g.*

**PREPARE-SE PARA UM COMA GASTRONÔMICO**

# SOPA DE GRÃO-DE-BICO COM MASSA FRESCA

Este cozido denso é o nosso preferido. Se você nunca provou uma versão deste clássico americano sulista, CAIA DE BOCA AGORA. A massa é aberta como deliciosos noodles fofos e não se parece em nada com a gororoba usada por algumas pessoas. É isso mesmo. Abrimos fogo na guerra dos dumplings.

**6 PORÇÕES PARA PESSOAS FAMINTAS**

**1** Primeiro, faça a massa. Pique a cebolinha e reserve. Em uma tigela média, misture a farinha, o fermento, o alho em pó e o sal. Regue com o azeite e mexa para combinar. Junte ½ xícara do leite e misture. Se parecer muito seco, acrescente algumas colheradas do leite restante até conseguir formar uma bola meio desengonçada. Se colocar muito leite, a massa vai ficar grudenta e difícil de lidar, então vai com calma. Acrescente ¼ de xícara de cebolinha e amasse para incorporar (reserve o restante da erva picada).

**2** Em uma superfície bem enfarinhada, abra a massa com cerca de 0,5 cm de espessura. (Como se fosse massa de pizza crocante.) Corte em pedaços com cerca de 2,5 cm por 4 cm. Alguns não ficarão desse tamanho, mas tudo bem. Vai dar certo. Você deve obter cerca de 70 pedaços de massa. Coloque em um prato enfarinhado e leve à geladeira, sem cobrir. (Não entendeu? Veja a foto da próxima página.)

**3** Prepare a sopa: retire os talos duros da couve e corte as folhas em tiras de 2,5 cm. Reserve. Em uma panela grande, aqueça 2 colheres (chá) de azeite em fogo médio e refogue a cebola com uma pitada de sal por 5 a 7 minutos, até começar a dourar. Junte a cenoura e o salsão e frite por mais 3 minutos. Acrescente os brócolis e o alho e cozinhe por mais 3 minutos, até a cenoura começar a ficar macia, mas mantendo os brócolis al dente. Desligue o fogo, transfira tudo para uma tigela média e reserve. Raspe bem a panela, porque você vai usá-la de novo – nada de juntar mais louça pra lavar, sacou?

**MASSA FRESCA**

um maço de cebolinha-francesa
2 xícaras de farinha de trigo*
2 colheres (chá) de fermento químico em pó
¾ de colher (chá) de alho em pó
¼ de colher (chá) de sal
½ a 1 colher (sopa) de azeite de oliva
½ a 1 xícara de leite de amêndoa sem açúcar

*A farinha de trigo integral é meio densa demais para a massa, mas vai nessa se é o que você tem no armário e se estiver se sentindo corajoso.*

*(não acabou, amigo, vire a porra da página)*

Para aquecer a alma | 129

**SOPA**

5 a 7 folhas de couve**
2 colheres (chá) mais ¼ de xícara de azeite de oliva
2 cebolas-pérola cortadas em pedaços médios
sal
2 cenouras cortadas em pedaços médios
3 talos de salsão cortados em pedaços médios
um maço pequeno de brócolis cortado em pedaços médios
3 a 4 dentes de alho espremidos
2½ colheres (chá) de orégano desidratado
1 colher (chá) de alho em pó
½ colher (chá) de pimenta-do-reino preta moída
¼ de colher (chá) de pimenta-de-caiena
7 colheres (sopa) de farinha de trigo
½ xícara de vinho branco***
10 xícaras de caldo de legumes
3 xícaras de grão-de-bico cozido****
1½ xícara de ervilha congelada

A MASSA CRUA DEVE FICAR ASSIM

**4** Em uma tigelinha, misture o orégano, o alho em pó, a pimenta-do-reino, a pimenta-de-caiena e ¼ de colher (chá) de sal. Aqueça a panela em fogo médio, junte ¼ de xícara de azeite e misture a farinha, mexendo. A consistência deve ser um meio-termo entre cola e muco. Parece apetitoso? Continue a mexer por cerca de 2 minutos, até parecer um pouco tostado e desprender um aroma amendoado. Junte os temperos e mexa por mais 30 segundos. Acrescente o vinho branco. A farinha vai se aglutinar com o vinho e parecer um tipo de cobertura para bolo. Aos poucos, junte 2 xícaras de caldo e misture para incorporar tudo e começar a engrossar – fica como o queijo que vem com os nachos vendidos no cinema. Devagar, adicione mais 4 xícaras de caldo e mexa para ficar homogêneo, sem grumos de farinha. Acrescente o caldo restante e ferva por cerca de 15 minutos, mexendo com frequência. A sopa vai engrossar e adquirir uma aparência e um sabor aveludados. Você sabe do que a gente está falando. Experimente. Fica maravilhoso e nem precisa usar toneladas de manteiga.

**5** Com a sopa ainda fervendo, adicione os pedaços de massinha, aos poucos, para que não grudem em um mar de farinha e sonhos desfeitos. Quando todos estiverem na panela, mexa com cuidado para distribuí-los. Ferva por 3 minutos, para aquecer tudo. Junte o grão-de-bico e os legumes salteados e deixe por mais 10 minutos, para que a massinha cozinhe.

**6** Quando estiverem cozidos, acrescente a ervilha e a couve. É isso mesmo: basta jogar a ervilha congelada dentro da panela, quem vai ligar para isso? Cozinhe por mais 2 minutos, para aquecer a ervilha e a couve murchar. Desligue o fogo e adicione ¼ de xícara daquela cebolinha reservada no início. Prove para ver se quer mais ervas, temperos ou sal, de acordo com seu gosto. Sirva imediatamente e polvilhe as tigelas com a cebolinha que sobrar.

** *Também dá para usar espinafre.*

** *Qualquer tipo que você goste de beber funciona. Não tem vinho? Use apenas caldo.*

*** *Ou cerca de 2 latas de 425 g cada, se não quiser cozinhar os grãos.*

# SOPA DE CASAMENTO DE ALMÔNDEGAS DE FEIJÃO COM COUVE

Aqui, a união dos ingredientes é tão forte e produtiva que, não por acaso, esse "casamento" está até no nome. Quando você experimentar, vai prometer nunca mais passar um dia frio e sem graça sem uma tigela disto.

**6 PORÇÕES PARA PESSOAS FAMINTAS**

**1** Aqueça o forno a 200 °C. Borrife uma assadeira com óleo.

**2** Prepare as almôndegas. Pique a cebola e meça ¼ de xícara; reserve o restante para usar daqui a pouco. Em uma tigela grande, amasse o feijão até obter uma pasta. Tudo bem deixar alguns grãos inteiros, desde que seja o mínimo. Junte os ingredientes restantes, incluindo aquele ¼ de xícara de cebola, e misture para incorporar bem. Pode ser que você precise usar as mãos para fazer direito – não vai dar uma de fresco. Se estiver um pouco ressecado, junte 1 ou 2 colheres (sopa) de água. Forme almôndegas do tamanho de uma bola de golfe e coloque na assadeira untada. Dependendo de sua habilidade, você deve obter de 20 a 25 unidades. Borrife um pouco mais de óleo e asse por cerca de 30 minutos, virando na metade do tempo, até dourar os dois lados.

**3** Enquanto as almôndegas estão no forno, prepare a sopa. Em uma panela grande, aqueça o azeite em fogo médio e refogue aquele restante da cebola (lembra?), a cenoura e o salsão por 3 a 5 minutos, até começar a dourar. Junte o alho e o macarrão. Refogue por 30 segundos e acrescente o caldo. Ferva por 10 a 15 minutos, até a massa ficar macia. Acrescente o suco de limão, a couve, o sal, a pimenta-do-reino e a salsinha. Desligue o fogo.

\* *Ou 2 latas de 425 g cada. Feijão-roxinho também serve, mas ele é escuro, não tem a cor do vestido da noiva e a gente não queria mudar o nome da receita. Isso mesmo.*

\*\* *Que diabos é isso? Veja a pág. 38.*

*(vire a página para continuar lendo)*

### ALMÔNDEGAS DE FEIJÃO-BRANCO

óleo para borrifar
1 cebola grande
3 xícaras de feijão-branco cozido\*
½ xícara de farinha de rosca ou migalhas de pão integral
3 dentes de alho espremidos
¼ de xícara de levedura nutricional\*\* ou farinha de trigo
2 colheres (sopa) de azeite de oliva
1 colher (sopa) de molho de soja ou tamari
2 colheres (chá) de tempero pronto sem sódio\*\*
1 colher (chá), cada, de tomilho, manjericão e orégano desidratados
½ colher (chá) de raspas de limão-siciliano

### SOPA

1 colher (chá) de azeite de oliva
2 cenouras picadas
2 talos de salsão picados
3 dentes de alho espremidos

Para aquecer a alma

- 1 xícara de macarrão pequeno\*\*\*
- 9 xícaras de caldo de legumes
- 1 colher (sopa) de suco fresco de limão-siciliano
- 4 xícaras de couve ou outra verdura escura e folhosa, picada
- ¼ de colher (chá), cada, de sal e pimenta-do-reino moída
- ¼ de xícara de salsinha ou manjericão fresco picado

**4** Quando tudo estiver pronto, coloque 3 ou 4 almôndegas no fundo de cada tigela individual e despeje a sopa por cima. Sirva imediatamente. As almôndegas se desfazem lentamente à medida que você come e tudo fica tão saboroso e combina tão bem que você finalmente pode entender por que o nome é "sopa de casamento".

\*\*\* *Risoni, caracol, estrela, letrinhas, o que você tiver.*

# os petiscos

**SALSAS, BEBIDAS E COISINHAS PARA BELISCAR**

# PASTA DE FEIJÃO-CARIOQUINHA E COMINHO

Purê de feijão? Que nada. Que tal desconstruir essa bagaça? Experimente esta pasta cremosa e mostre que é você quem manda nos feijões.

4 A 6 PORÇÕES, CERCA DE 3½ XÍCARAS

2 colheres (chá) de azeite de oliva
1 cebola picada (cerca de 1 xícara)
1½ colher (sopa) de cominho em pó
¼ de colher (chá) de pimenta-de-caiena
3 xícaras de feijão-carioquinha cozido*
½ xícara de caldo de legumes ou água
2 colheres (sopa) de suco de limão-taiti
sal

**1** Em uma panela, aqueça o azeite e refogue a cebola por cerca de 4 minutos, até começar a dourar nas bordas. Junte 1 colher (sopa) de cominho e a pimenta-de-caiena; refogue por mais 30 segundos. O cheiro deve estar bom pra cacete. Desligue o fogo e espere esfriar um pouco.

**2** Bata a cebola, o feijão, o caldo, o suco de limão e ½ colher (sopa) de cominho no processador, até ficar cremoso. Não tem processador? Então amasse tudo, até ficar da consistência desejada. Prove e acrescente uma pitada de sal se achar necessário.

*Se estiver com preguiça, use 2 latas de 425 g cada.*

# HOMUS DE FEIJÃO-BRANCO E ALECRIM

Se você quer aumentar o consumo de proteínas, esta é uma ótima pasta para espalhar em sanduíches e uma excelente substituição para a maionese que desandou.

**4 A 6 PORÇÕES, CERCA DE 4 XÍCARAS**

**1** Bata tudo no processador ou no liquidificador até ficar cremoso. Sabe como é, parecido com homus. Também dá pra fazer à mão, com um espremedor de batatas, mas vai demorar um pouco mesmo se você for musculoso.

**2** Deixe na geladeira por 30 minutos antes de servir, para o sabor se intensificar.

*Ou 2 latas de 425 g cada.

**Que diabos é isso? Veja a pág. 60.

3 xícaras de feijão-branco cozido*
¼ de xícara de tahine**
¼ de xícara de caldo de legumes ou água
3 colheres (sopa) de vinagre balsâmico
2 dentes de alho espremidos
1 colher (sopa) de alecrim fresco picado

Os petiscos

*isso é uma pata de cachorro

# CHUCHA, CHUCHA E PASSA A TIGELA, AMIGÃO

*isso aqui é um cacto

1 Pasta de feijão--preto e coentro
2 Chips assados de abobrinha
3 Pasta de feijão--carioquinha e cominho
4 Homus de feijão--branco e alecrim
5 Chips picantes de banana-da-terra
6 Petisco de milho-verde e feijão-fradinho

# PETISCO
## DE MILHO-VERDE E
# FEIJÃO- -FRADINHO

Algumas pessoas chamam isto de "caviar texano". A gente só diz que é maravilhosamente bom. Rende um montão, mas dá pra dividir tudo ao meio se você estiver sozinho.

**4 A 6 PORÇÕES, CERCA DE 5 XÍCARAS**

- 1 pimentão vermelho
- 1 tomate pequeno
- 3 xícaras de feijão-fradinho cozido*
- 1 xícara de grãos de milho-verde crus**
- ½ xícara de cebolinha picada
- ⅓ de xícara de coentro picado
- 2 dentes de alho espremidos
- 1 pimenta jalapeño picada
- 2 colheres (sopa) de azeite de oliva
- 2 colheres (sopa) de suco de limão-taiti
- 2 colheres (sopa) de vinagre de vinho tinto
- ¼ de colher (chá) de cominho em pó
- ¼ de colher (chá) de sal

**1** Pique o pimentão e o tomate em pedaços do tamanho de um feijão.

**2** Coloque o feijão em uma tigela grande e amasse um pouco com um garfo. Imagine ⅓ de tudo amassado e o resto pode ficar inteiro. Isso deixa a receita mais cremosa, mas você pode desencanar se estiver cansado de comer feijão amassado.

**3** Junte o pimentão, o tomate e os outros ingredientes, misture e prove. Fácil. Se quiser, acrescente mais suco de limão ou sal. Sirva como petisco ou sobre um pouco de verduras para criar uma salada deliciosa.

*Ou 2 latas de 425 g se você realmente não gosta de poupar dinheiro.*
**Que saco, equivale a 1 espiga.*

# PASTA DE FEIJÃO-PRETO E COENTRO

Isto dá mais vida até mesmo a uma festa sem graça. SIM, É MARAVILHOSO. E você ainda ganha fama de descolado.

4 A 6 PORÇÕES, CERCA DE 3 XÍCARAS

Jogue tudo no processador e bata até ficar cremoso. Ou amasse tudo com um espremedor de batatas até obter a consistência desejada. Sirva morno, em temperatura ambiente ou frio. É uma maravilha, também, para usar em wraps ou passar em sanduíches.

* 1²⁄₃ lata de 425 g

- 2½ xícaras de feijão-preto cozido*
- ⅓ de xícara de caldo de legumes ou água
- 2 dentes de alho
- suco de 1 limão-taiti
- uma pitada de sal
- ½ colher (chá) de pimenta em pó
- ¼ de xícara de coentro picado
- ½ xícara de cebolinha picada

# CHIPS ASSADOS DE ABOBRINHA

No auge do verão, muitos mercados praticamente dão abobrinha de graça. Aproveite para fazer estes chips e servir petiscos dignos de um rei.

4 A 6 PORÇÕES, CERCA DE 30 UNIDADES, DEPENDENDO DO TAMANHO DA ABOBRINHA. É, O TAMANHO IMPORTA.

óleo para borrifar
1 abobrinha média, com cerca de 10 cm de comprimento e 7,5 cm de largura
1 colher (sopa) de farinha*
¼ de colher (chá) de páprica defumada
¼ de colher (chá) de alho em pó
uma pitada de sal

**1** Aqueça o forno a 180 °C. Borrife levemente uma assadeira com óleo.

**2** Corte a abobrinha em rodelas um pouco mais grossas que uma moeda. Se ficarem muito finas, vão queimar. Caso comecem a soltar líquido, seque com papel-toalha. Em uma tigela média, misture a farinha, a páprica, o alho e o sal. Junte a abobrinha e misture para cobrir as fatias.

**3** Distribua a abobrinha na assadeira e borrife levemente com óleo. Asse por 30 a 40 minutos, virando a cada 10 minutos, até dourar e ficar crocante. Fique de olho, pois pode queimar em um segundo. Melhor servir no dia do preparo, para manter a crocância.

\* *Farinha de trigo, farinha de trigo integral, de arroz, qualquer uma vale.*

# CHIPS PICANTES DE BANANA--DA-TERRA

É um petisco com substância. Saboroso pra cacete e não se quebra mesmo com a pasta mais densa.

***

4 A 6 PORÇÕES, CERCA DE 30 UNIDADES, DEPENDENDO DO TAMANHO DA BANANA

**1** Aqueça o forno a 200 °C. Borrife levemente uma assadeira com óleo.

**2** Descasque a banana e corte em rodelas. Não precisa ficar medindo, só imagine algo fino.

**3** Coloque o azeite e o suco de limão em uma tigela. Junte a banana e misture para cobrir cada rodela. Retire e coloque a banana em outra tigela. Acrescente as especiarias e o sal e misture muito bem para temperar as fatias.

**4** Distribua na assadeira, em uma única camada, e asse por 20 minutos, virando na metade do tempo, até ficar dourado e crocante. Melhor servir no mesmo dia, para manter a crocância. Isso mesmo, para manter a crocância: aprenda a falar direito.

*\* A banana-da-terra é grande e tem bastante amido. Procure em supermercados e feiras livres.*

óleo para borrifar
1 banana-da-terra verde*
1 colher (sopa) de azeite de oliva ou óleo de semente de uva
2 colheres (sopa) de suco de limão-taiti
2 colheres (chá) de pimenta em pó
¼ de colher (chá) de pimenta-de-caiena
¼ de colher (chá) de sal

# PIPOCA DE PANELA COM ERVAS

Quando foi que a gente se deixou enfeitiçar pela pipoca de micro-ondas? LIVRE-SE DESSA MALDIÇÃO. Prepare na panela, porque é mais barato e mais saudável. Ganho duplo. Tem medo de deixar queimar? Você já deixa queimar no micro-ondas, portanto não tem nada a perder.

**4 A 6 PORÇÕES, CERCA DE 8 XÍCARAS**

**COBERTURA DE ERVAS**

2 colheres (chá) de levedura nutricional*
1 colher (chá) de manjericão desidratado
1 colher (chá) de tomilho ou endro desidratados
1 colher (chá) de alho em pó
uma pitada de sal

**PIPOCA**

1½ colher (sopa) de óleo para temperaturas altas, como semente de uva ou coco
½ xícara de milho para pipoca
1½ colher (sopa) de azeite de oliva
uma pitada de sal (opcional)

**1** Para a cobertura, misture a levedura nutricional, as ervas desidratadas, o alho e o sal em uma tigela pequena.

**2** Prepare a pipoca: em uma panela grande, aqueça o óleo em fogo médio. Junte alguns grãos de milho, tampe e chacoalhe de vez em quando. Assim que um deles estourar, a panela está no ponto – pode levar 1 minuto e meio.

**3** Quando a panela estiver quente, junte os grãos de milho restantes e tampe. Se tiver uma tampa de vidro, melhor, para poder espiar lá dentro. Chacoalhe a panela constantemente para evitar que queime. É como mexer, sem liberar o calor. Se não começar a estourar nos primeiros 30 segundos, aumente um pouco o fogo. Logo, com o barulho, a cozinha vai parecer invadida por fogos de artifício. Quando houver um pouco mais que alguns segundos entre os estouros, desligue o fogo. Viu? Foi rápido.

**4** Transfira a pipoca para uma tigela grande. Regue com o azeite e misture para cobrir um pouco. Polvilhe as ervas e misture novamente. Prove e, se quiser, acrescente mais uma pitada de sal. Se você tiver um pouco de autocontrole, mantenha em um recipiente de fecho hermético por até 2 dias.

*Confere um leve sabor de queijo à pipoca e te enche de vitamina B12. Ainda não sabe que diabos é isso? Veja a pág. 38.

# PICLES PICANTES
## DE CENOURA

É um tipo de petisco que consideramos fundamental. Sirva com seus tacos ou burritos preferidos e ninguém vai abrir a boca para falar nada, a não ser agradecer.

**4 A 6 PORÇÕES, OU UM VIDRO GRANDE**

**1** Corte a cenoura e a pimenta jalapeño em rodelas médias.

**2** Em uma panela, ferva os dois tipos de vinagre, as ervas, as especiarias, a cebola, o alho e o sal. Junte a cenoura e a pimenta e cozinhe por 3 a 5 minutos, até ficar levemente macio, mas ainda crocante. Desligue o fogo e transfira para um vidro grande com tampa firme – qualquer pote de azeitonas vazio vai funcionar.

**3** Reserve de um dia para outro ou por pelo menos 8 horas antes de servir. Na geladeira, pode ser mantido por até 3 semanas.

225 g de cenoura
2 pimentas jalapeño
¾ de xícara de vinagre de vinho branco destilado
½ xícara de vinagre de maçã
1 colher (chá) de orégano desidratado
1 folha de louro
½ colher (chá) de sementes de cominho
¼ de colher (chá) de pimenta-do-reino moída
¼ de xícara de cebola ou cebola roxa em lascas
2 dentes de alho amassados
¼ de colher (chá) de sal

## SUA GELADEIRA GANHA UM UPGRADE INSTANTÂNEO COM ESTA CONSERVA

Os petiscos | 147

# PICLES RÁPIDOS DE PEPINO E CEBOLA

Fica ótimo no café da manhã (Cumbuca de arroz integral com edamame e molho tamari com cebolinha, pág. 39), com a Cumbuca de primavera (pág. 205) ou misturado a uma salada com o Molho de gergelim torrado (pág. 65).

**4 A 6 PORÇÕES, CERCA DE 2 XÍCARAS**

1 pepino médio
¼ de cebola roxa média
½ colher (chá) de sal
½ xícara de vinagre de arroz
1 colher (sopa) de vinagre de maçã

**1** Corte o pepino ao meio, na vertical. Pode tirar ou manter a casca, você decide. Corte cada metade em meias-luas médias. Corte a cebola em meias-luas bem finas com não mais que 5 cm de comprimento.

**2** Coloque em uma tigela média, polvilhe o sal e esfregue com as mãos. Dá pra usar uma colher, mas pra que a frescura? Junte os dois tipos de vinagre e misture.

**3** Cubra e deixe na geladeira por 30 minutos. Misture e deixe lá dentro por outros 30 minutos antes de servir. Pode ser mantido na geladeira por cerca de 1 semana.

# SALSA DE VERÃO

Um tipo de pico de gallo feito à moda antiga. Quando é época de tomates, não há petisco melhor do que este aqui.

---

**4 A 6 PORÇÕES, CERCA DE 4½ XÍCARAS**

Se você é um chato cheio de frescuras, tem duas opções. Misture tudo em uma tigela e deixe assim, pedaçudo, ou jogue os ingredientes no processador e bata até ficar com a textura desejada. Pode ser que você goste da salsa com pedaços, pode ser que não. E, no fundo, quem dá a mínima para a consistência? Deixe na geladeira por pelo menos 20 minutos antes de servir.

\* *Cerca de 1 limão.*

- 450 g de tomate picado (cerca de 2 xícaras)
- ½ cebola picada (cerca de ½ xícara)
- 2 a 3 dentes de alho
- 1 pimenta jalapeño em cubos
- 2 colheres (sopa) de suco de limão-taiti*
- 1 colher (sopa) de suco de laranja (opcional)
- ¼ de xícara de coentro picado
- ½ colher (chá) de sal

*salsa de tomate na brasa

*salsa de pêssego grelhado

# SALSA DE PÊSSEGO GRELHADO

Esta receita mostra que você não está de brincadeira quando prepara petiscos. A combinação perfeita entre o doce e o salgado faz com que seja impossível não repetir.

**4 A 6 PORÇÕES, CERCA DE 3½ XÍCARAS**

**1** Corte o pêssego em fatias com até 2,5 cm de espessura. Dá pra deixar a pele, porque todo mundo precisa incluir mais fibras na dieta. Você precisa obter cerca de 12 fatias de cada pêssego. Coloque em uma tigela, junte o óleo e misture.

**2** Aqueça uma grelha ou bistequeira em fogo médio-alto. Grelhe o pêssego por cerca de 45 segundos de cada lado. Não é preciso cozinhar: basta deixá-los com aquelas belas marcas tostadas e que parecem profissionais pra cacete. Grelhar também carameliza o açúcar natural da fruta, deixando-a mais adocicada.

**3** Espere esfriar por alguns minutos enquanto pica o restante dos ingredientes. Então corte o pêssego em pedaços pequenos e misture tudo. Deixe na geladeira por pelo menos 30 minutos antes de servir.

*\* Óleo de semente de uva, de gergelim ou mesmo azeite de oliva funcionam.*

6 pêssegos (cerca de 675 g)
½ colher (chá) de óleo*
1 a 2 pimentas-serrano picadas
½ cebola roxa média picada (cerca de ⅔ de xícara)
1 tomate médio picado
suco de 2 limões-taiti (cerca de ¼ de xícara)
¼ de colher (chá) de sal
um punhado de coentro

Os petiscos

# SALSA DE TOMATE NA BRASA

Quando o tomate não está na época e o fruto enlatado é a melhor alternativa, siga esta receita. Caso contrário, prepare a Salsa de verão (pág. 149) com tomates maduros e guarde esta versão para o inverno.

**4 A 6 PORÇÕES, CERCA DE 2½ XÍCARAS**

1 lata (410 g) de tomate assado na brasa, em cubos
½ cebola picada (cerca de 1 xícara)
⅓ de xícara de cebolinha picada
½ xícara de coentro picado
3 pimentas-serrano picadas*
8 dentes de alho assados**
¼ de colher (chá) de cominho em pó
suco de ½ limão-taiti
sal a gosto

Jogue tudo no processador ou no liquidificador e bata até obter a consistência desejada. Pedaçuda, mais lisa… Sua salsa, suas regras. Prove e, se quiser, junte mais suco de limão. Sirva gelada ou em temperatura ambiente. Na geladeira, pode ser mantida por 4 a 5 dias, mas provavelmente não vai sobrar nada.

*Se não quiser muito picante, retire as sementes.*

**Sim, é quase uma cabeça inteira. Para fazer, veja "Como assar alho" (pág. 68), mas dá pra usar 2 ou 3 dentes crus se for uma emergência.*

# SALSA ADOCICADA DE ERVAS FRESCAS

Isto aqui não se parece com as salsas comuns: fica naquela linha fina entre o doce e o salgado, mas vicia pra caramba. Sirva com Tacos de lentilha (pág. 172), use como petisco para acompanhar legumes ou misture a noodles frios para um acompanhamento simples. Vai lá.

**CERCA DE ¾ DE XÍCARA**

1 xícara de folhas de manjericão rasgadas
½ xícara de coentro picado
½ xícara de cebolinha picada
1 pimenta jalapeño picada*
1 dente de alho espremido
3 colheres (sopa) de vinagre de arroz
1 colher (sopa) de suco de laranja
1 colher (sopa) de suco de limão-taiti
1 colher (sopa) de azeite de oliva

Junte tudo no processador e bata até picar bem. Não tem processador? Pique tudo à mão em pedaços bem pequenos e misture os ingredientes em uma tigela. Pronto.

*Se não aguentar o ardor, retire as sementes.*

Vegano sem frescura

# DICA ESPERTA

### MAIS ACIDEZ, MENOS SAL

Se a comida que você preparou está muito sem graça, não coloque mais sal. É provável que você já consuma muito mais do que deveria desses cristais brancos e o corpo não aguenta. O Instituto de Medicina diz que os americanos consomem 3.400 miligramas de sódio por dia, boa parte escondida em comida processada e bobageiras, quando realmente deveria ficar entre 1.500 e 2.300. QUE INFERNO!!!

Em lugar de sal, experimente acrescentar algo ácido. Sucos cítricos e vinagre podem ajustar a receita de um jeito que o sal não consegue. Os sabores se intensificam, e o alimento fica parecendo prato de restaurante. Basta espremer um limão ou respingar um pouco de vinagre – em princípio, pense em 1 colher (chá), mas prove e acrescente mais se necessário. Se, por acidente, colocar demais, junte um pouco de azeite ou açúcar para equilibrar. Eis algumas sugestões para combinar sabores, mas seja criativo e invente algo com a sua cara:

- **Pratos à base de tomate:** vinagre balsâmico, de vinho ou suco de limão
- **Receita com ervas como coentro, endro ou salsinha:** suco de limão-siciliano, limão-taiti ou vinagre
- **Pratos temperados com molho de soja ou óleo de gergelim torrado:** vinagre de arroz ou suco de laranja, limão-siciliano ou limão-taiti
- **Receitas à base de feijão:** vinagre de maçã ou vinagre balsâmico

Se você cozinhou direito, não precisa da porra do saleiro. Mantenha essa porcaria na cozinha e use como ingrediente, não como condimento.

Os petiscos | 153

# SALSA VERDE

Esta maravilha verde dá um sabor delicioso a nossos Chilaquiles (pág. 32) ou a qualquer prato que tenha a sorte de acompanhar.

**4 A 6 PORÇÕES, CERCA DE 2½ XÍCARAS**

680 g de tomatillo*
2 pimentas jalapeño
½ cebola picada
2 dentes de alho espremidos
¼ de xícara de coentro picado
1 colher (sopa) de suco de limão-taiti
uma pitada de sal

**1** Aqueça o forno. Se tiver grill, melhor.

**2** Tire a casca dos tomatillos e lave para retirar aquela coisa pegajosa que fica nos frutos. Coloque em um refratário junto com a pimenta jalapeño e leve ao forno.

**3** Asse por 10 a 15 minutos, até o tomatillo começar a ficar preto por cima e as pimentas parecerem chamuscadas. Vire na metade do tempo, para assar de todos os lados.

**4** Quando estiverem frios o suficiente para manusear, pique os dois ingredientes. Se quiser uma salsa mais picante, deixe as sementes na pimenta; caso contrário, retire na hora de picar.

**5** Bata o tomatillo, a pimenta, a cebola, o alho, o coentro, o suco de limão e o sal no processador, por cerca de 30 segundos, até obter um purê ainda pedaçudo.

**6** Sirva morno, em temperatura ambiente ou frio.

*É pequeno e tem uma casca fina que parece um papel e deve ser descartada. Procure na seção refrigerada de mercados especializados em produtos mexicanos ou da América Central. Se não encontrar, use tomates-cereja bem verdinhos.*

# GUACAMOLE DE ABACAXI

Não que o guacamole precise de ajuda para ficar ainda mais delicioso, mas se você tiver vontade de misturar as coisas, experimente esta versão. O abacaxi deixa tudo tão bom que você não vai nem querer dividir.

**4 A 6 PORÇÕES, CERCA DE 2½ XÍCARAS**

Amasse o abacate, deixando um pouco pedaçudo. Junte os outros ingredientes e misture. Prove e junte o que mais quiser. Sirva gelado ou em temperatura ambiente, no mesmo dia do preparo. Por que esperar mais?

*\* Fresco ou em lata, escorrido.*

1 abacate pequeno
⅔ de xícara de abacaxi picado*
½ xícara de cebola roxa picada
2 colheres (sopa) de coentro picado
2 a 3 dentes de alho picados
raspas de ½ limão-taiti
1 colher (sopa) de suco de limão-taiti
uma pitada de cominho em pó
uma pitada de sal

MIGALHAS DE TORTILHAS: O QUE PODE SER MELHOR?

# PETISCO PICANTE DE COUVE-FLOR ASSADA COM MOLHO DE AMENDOIM

Servir asinhas de frango como petisco é um desperdício de tempo e sabor. Para a próxima festa, prepare esta receita e ganhe elogios em dobro.

**4 A 6 PORÇÕES — OU 1 PORÇÃO PARA QUEM NÃO TEM MEDO DAS CONSEQUÊNCIAS QUE CONSUMIR ESSA QUANTIDADE DE MOLHO PICANTE PODE TER...**

óleo para borrifar
2 couves-flores médias (cerca de 900 g)
½ xícara de farinha*
½ xícara de água

**MOLHO PICANTE**

2 colheres (chá) de óleo**
½ a ⅔ de xícara de molho de pimenta Sriracha ou similar***
¼ de xícara de vinagre de arroz
½ colher (chá) de molho de soja ou tamari

**MOLHO DE AMENDOIM**

¼ de xícara de água morna
¼ de xícara mais 2 colheres (sopa) de manteiga de amendoim cremosa
2 colheres (sopa) de vinagre de arroz
2 colheres (sopa) de suco de limão-taiti
2 colheres (chá) de gengibre fresco picado
1 colher (chá) de molho de soja ou tamari
1 colher (chá) de maple syrup ou xarope de agave
1 pepino cortado em palitos finos do tamanho de um dedo

**1** Aqueça o forno a 230 °C. Borrife levemente uma assadeira com óleo. Corte a couve-flor em buquês que tenham, no máximo, o tamanho de um polegar.

**2** Em uma tigela grande, misture a farinha e a água, sem deixar grumos. Já errou e deixou tudo empelotado? Comece de novo. Junte a couve-flor e misture para cobrir. Espalhe na assadeira e leve ao forno por 15 minutos. Misture na metade do tempo para assar de todos os lados.

**3** Para o molho picante, misture o óleo, o molho de pimenta, o vinagre e o molho de soja em uma panela pequena. Aqueça em fogo baixo até ficar quente, mas sem borbulhar. Desligue o fogo e deixe de lado.

**4** Agora vamos ao molho de amendoim. Em uma vasilha média, bata a água e a manteiga de amendoim até ficar cremoso. Junte os outros ingredientes e mexa até incorporar. Deixe na geladeira até a hora de servir.

**5** Depois dos 15 minutos, tire a couve-flor do forno. Transfira para uma tigela grande e misture o molho picante quente. Cubra todos os pedaços. Coloque de volta na assadeira (reserve o que sobrar do molho) e leve ao forno por mais 3 minutos, para aquecer e ficar delicioso.

**6** Sirva quente ou em temperatura ambiente ao lado dos palitos de pepino e do molho de amendoim.

*Farinhas de trigo, integral ou de arroz integral funcionam bem. Use o que tiver.*

**Por exemplo, azeite de oliva, óleo de coco ou de semente de uva.*

***Se quiser mais picante, use ⅔ de xícara.*

COM UM PETISCO DESTES, NINGUÉM SAI PERDENDO

# CHÁ GELADO DE PÊSSEGO E HORTELÃ

Se você preparar esta delícia refrescante no auge da estação dos pêssegos, nem precisa adoçar.

**4 PORÇÕES OU O SUFICIENTE PARA 1 PESSOA MUITO SEDENTA**

**1** Coloque a água e os saquinhos de chá em um recipiente grande, com tampa, e deixe no sol por 3 a 5 horas. Não tem sol na sua casa? Enfie na geladeira ou deixe sobre o balcão da pia, funciona do mesmo jeito.

**2** Depois do tempo necessário para a infusão do chá, comece a preparar as bebidas. Bata no liquidificador o pêssego, o suco de limão, a hortelã e o xarope de agave (se usar). Junte o chá e bata para misturar tudo, até não haver mais pedaços de pêssego. Prove e adoce mais, se for necessário.

**3** Distribua em copos com gelo e decore com galhinhos de hortelã. Se sua casa tiver uma varanda, vá para lá e saboreie a bebida enquanto xereta a vida dos vizinhos.

*Acrescente apenas se os pêssegos não estiverem supermaduros.*

- 4 xícaras de água fria
- 4 saquinhos de seu chá preto preferido
- 2 pêssegos maduros, com ou sem casca, cortados em pedaços
- 2 colheres (sopa) de suco de limão-siciliano
- 10 folhas de hortelã, mais galhinhos da erva para decorar
- 2 colheres (sopa) de xarope de agave ou maple syrup*
- gelo

Os petiscos

# REFRESCO DE MELANCIA E HIBISCO

Beberique esta delícia supergelada e esqueça que o sol lá fora tá batendo acima dos 30 graus.

4 PORÇÕES

**1** Coloque a melancia em uma assadeira e enfie no freezer por 1 hora, pelo menos.

**2** Quando estiver congelada, jogue no liquidificador com os outros ingredientes. Bata até ficar homogêneo. Prove e, se quiser, adoce mais um pouco.

*De preferência sem sementes, mas um pouco não vai atrapalhar.*

**Para deixar a brincadeira mais divertida, substitua ¼ de xícara do chá por tequila.*

6 xícaras de melancia cortada em cubos*
1½ xícara de chá de hibisco já pronto, frio**
suco de 1 limão-taiti
2 a 3 colheres (chá) de xarope de agave, melado ou maple syrup

## SE LIGA, SOL, A GENTE TEM MAIS O QUE FAZER

Os petiscos

# REFRESCO EFERVESCENTE DE GENGIBRE E LIMÃO

Não é preciso gastar horas preparando xaropes e esperando esfriar: dá pra fazer esta limonada borbulhante de gengibre em menos de 5 minutos e você consegue matar a sede de maneira imediata. Os guarda-chuvinhas são opcionais.

**4 PORÇÕES**

1 limão-taiti cortado em gomos pequenos
1½ colher (sopa) de gengibre fresco sem casca e picado
3 colheres (sopa) de açúcar ou xarope de agave
2 xícaras de água
3 xícaras de água tônica

**1** Jogue o limão, o gengibre, o açúcar e 1 xícara de água no liquidificador. É, o limão, com casca e tudo. Acredite que vai dar certo. Bata em velocidade alta por cerca de 1 minuto, para picar a fruta o máximo possível e dissolver o açúcar.

**2** Coloque uma peneira sobre uma jarra e coe o líquido. Jogue a polpa fora. Junte 1 xícara de água e misture.

**3** Caso queira servir na própria jarra, adicione a água tônica e vai nessa. Para servir em copos individuais, misture cerca de ¾ de xícara de água tônica para cada ½ xícara do suco. Pronto, pronto. Se pensar em juntar uma ou duas doses de gim ou vodca, isso certamente ajuda a relaxar.

*cookies de amêndoa e chocolate são parceiros ideais. Veja pág. 223.

# CHÁ EARL GREY GELADO com LEITE

Talvez você queira tomar chá, mas está quente demais para isso. Mantenha uma jarra desta bebida no fundo da geladeira para quando precisar de algo com cafeína, mas que ajude a refrescar. Na geladeira, pode ser mantido por pelo menos 1 semana.

**2 PORÇÕES EM COPOS GRANDES**

**1** Em uma panela pequena, aqueça o leite de amêndoas e a água em fogo médio, até começar a borbulhar nas beiradas. Desligue o fogo e junte os saquinhos de chá. Deixe em infusão por 10 minutos enquanto arruma alguma coisa inútil pra fazer. Se passar tempo demais, pode ficar amargo – coloque o timer pra funcionar. Tire os saquinhos de chá e leve a bebida à geladeira por pelo menos 1h30.

**2** Na hora de servir, coloque o maple syrup, o gelo, a banana e a bebida no liquidificador e bata até ficar homogêneo.

*\* Na boa, você pode usar chai, mate, chá preto, qualquer sabor de chá que goste de beber. Solte a franga.*

*\*\* Ajuda a adoçar e deixar a bebida cremosa. Para momentos como este, é uma boa ideia manter no freezer uma embalagem com rodelas de banana descascadas.*

- 2 xícaras de leite de amêndoas com baunilha
- ½ xícara de água
- 4 saquinhos de chá preto tipo Earl Grey*
- 1 ou 2 colheres (chá) de maple syrup ou xarope de agave (a gosto)
- 2 xícaras de cubos de gelo (cerca de 12 unidades)
- ½ banana cortada em pedaços e congelada**

Os petiscos

# ORCHATA CREMOSA

Amêndoa e arroz se unem para deixar esta bebida cremosa pra cacete. Sirva-se de um copo, coloque os pés para cima e deixe o trabalho pra lá enquanto se refresca um pouco.

**CERCA DE 4 PORÇÕES**

1 xícara de arroz integral cru*
2/3 de xícara de amêndoa crua
1 pau de canela com 7,5 cm de comprimento
4 xícaras de água
1 colher (sopa) de xarope de agave ou maple syrup**
gelo ou água
canela em pó

**1** Lave o arroz muito bem sob água fria. Coloque em um recipiente grande, com tampa. Junte a amêndoa, a canela e a água. Deixe de molho durante a noite ou por pelo menos 8 horas.

**2** Depois desse tempo, passe tudo para o liquidificador com o xarope de agave e bata até ficar homogêneo. Pode deixar a canela – não se preocupe, tudo vai ficar batido. Passe por uma peneira fina e descarte os resíduos.

**3** Se quiser servir imediatamente, junte 1 xícara de gelo e bata novamente, para resfriar. Caso contrário, acrescente ½ xícara de água e leve a bebida à geladeira. Sirva com cubos de gelo e polvilhe canela em pó, porque você é elegante pra caramba.

*O melhor é o arroz basmati integral, mas use qualquer tipo integral que encontrar.*

**Qualquer adoçante líquido e xaroposo que tiver.*

MANDE O CALOR
EMBORA
COM UM COPO GELADO
DE ELEGÂNCIA

# O grande lance

**BURRITOS, CUMBUCAS E OUTRAS REFEIÇÕES DO CACETE**

# SANDUBA
## DE FEIJÃO-PRETO COM MAIONESE PICANTE DE COCO

Faça já e perceba na hora o que estava faltando no seu limitado mundinho dos sanduíches.

**4 UNIDADES**

**1** Primeiro, faça a maionese. Coloque todos os ingredientes no liquidificador ou no processador e bata em velocidade alta por cerca de 1 minuto, até incorporar. Prove e veja se quer mais molho de pimenta. Transfira para uma tigela e mantenha na geladeira até a hora de usar. Vai engrossar enquanto resfria, tenha paciência.

**2** Em seguida, prepare o feijão. Aqueça o óleo em uma panela grande, em fogo médio, e refogue a cebola por cerca de 5 minutos, até dourar. Junte o alho, a pimenta em pó e o cominho; frite por 30 segundos. Acrescente o feijão e o caldo, misturando. Espere ferver e diminua o fogo para bem baixo. Com um amassador de batata ou uma colher poderosa, amasse da melhor maneira que conseguir – como se fosse um guacamole mais pedaçudo. Adicione o suco de limão e prove. Se quiser, junte mais sal ou especiarias. Desligue o fogo e monte o sanduíche.

**3** Pegue um pãozinho e besunte com uma porção da maionese picante de coco. Empilhe um montão de feijões na parte de baixo. Por cima, coloque o que quiser: alface, tomate, cebola roxa e um pouco de abacate são escolhas aprovadas, mas seja criativo e tal. Sirva imediatamente com um pouco mais de molho de pimenta.

*\* É, chia, nunca viu? São sementes ricas em ômega-3 e cheias de fibras. Se não encontrar, use linhaça marrom ou dourada moída, sem drama.*

*\*\* Ou 2 latas de 425 g cada, se estiver com pressa.*

### MAIONESE PICANTE DE COCO

1 xícara de leite de coco
⅓ de xícara de seu molho de pimenta favorito
¼ de xícara de azeite de oliva
1 colher (sopa) de chia moída\*
1 colher (chá) de suco de limão-siciliano
½ colher (chá) de alho em pó
uma pitada de sal

### FEIJÃO-PRETO CREMOSO

1 colher (chá) de óleo
1 cebola picada
3 dentes de alho amassados
1 colher (sopa) de pimenta vermelha em pó
¾ de colher (chá) de cominho em pó
3 xícaras de feijão-preto cozido\*\*
1½ xícara de caldo de legumes
suco de 1 limão-taiti
sal a gosto

### ACOMPANHAMENTOS

4 pãezinhos crocantes cortados ao meio e tostados
alface
tomate em fatias
cebola roxa em fatias
abacate em fatias

# É SANDUÍCHE, MAS TEM ALMA DE BURRITO

O grande lance

# TACOS DE LENTILHA COM SALADA DE CENOURA E JICAMA

Meio adocicadas, meio salgadas, estas maravilhas quebram todas as regras dos tacos. Sirva com a Cole slaw cremosa com amendoim (pág. 99) e dê um sopro de vida a seu paladar.

**6 A 8 UNIDADES**

### LENTILHAS
3 xícaras de água
1 xícara de lentilha beluga* lavada
½ colher (chá) de azeite de oliva
½ cebola picada
225 g de cogumelos** cortados em pedaços médios
1 colher (sopa) de molho de soja ou tamari
2 ou 3 dentes de alho amassados
2 colheres (sopa) de suco de maçã***
1 colher (chá) de óleo de gergelim torrado

### SALADA DE CENOURA E JICAMA
225 g de jicama****
1 pepino pequeno
1 cenoura
2 colheres (sopa) de vinagre de arroz
1 colher (sopa) de suco de limão-taiti
¼ de colher (chá) de sal

6 a 8 tortilhas
Salsa adocicada de ervas frescas (pág. 152)

**1** Para a lentilha: ferva a água em uma panela média, em fogo alto, e junte os grãos. Reduza para fogo baixo e cozinhe por cerca de 30 minutos, até ficar macia. Escorra o excesso de líquido e reserve a lentilha.

**2** Em uma frigideira ou wok grande, aqueça o azeite em fogo médio e refogue a cebola por cerca de 3 minutos, até ficar translúcida. Junte o cogumelo e cozinhe por cerca de 3 minutos, até começar a soltar líquido. Acrescente o molho de soja, misture e adicione a lentilha. Mexa bem e junte o alho e o suco de maçã. É, suco de maçã, e daí? Cozinhe até que a maior parte do líquido tenha evaporado, por cerca de 2 minutos. Desligue o fogo e acrescente o óleo de gergelim. Prove: será maravilhoso.

**3** Agora, a salada. Corte a jicama, o pepino e a cenoura em palitos com não mais de 5 cm de comprimento. Misture aos ingredientes restantes e leve à geladeira antes de servir.

**4** Para montar os tacos, aqueça as tortilhas e recheie esses presentes dos deuses com a lentilha, a salada de jicama e a salsa de ervas. Nada ruins também quando servidos frios, se você estiver com preguiça de aquecer as sobras. Tacos frios ainda são tacos deliciosos.

*Essas pequenas maravilhas (também chamadas de lentilhas beluga, porque parecem caviar) não se desfazem tanto quanto outros tipos. Procure por elas.*

**Cogumelo-de-paris, cremini ou shiitake são bons. Use qualquer um deles.*

***O verdadeiro, não aquelas bebidas com essência de maçã.*

****Trata-se de um tubérculo sensacional e delicioso. É como se fosse o filho bastardo da maçã e da batata. Se achar, compre e use. Se não, desencane e use yacon.*

## TROQUE O ÓLEO: ESCOLHAS SAUDÁVEIS

Quando fizer compras para a despensa, adquira os melhores ingredientes para você e para as receitas. Em diversos pratos, o óleo é a primeira coisa a entrar na panela, então você precisa escolher com cuidado. Para cozinhar e assar, nem todos os produtos são iguais. Alguns vão bem em preparos no fogo baixo, como salteados, e outros brilham mesmo quando você frita em pouca gordura ou leva ao forno. É preciso conhecer as diferenças para usar os mais adequados a cada receita. Óleos que se comportam bem em temperaturas altas têm ponto de fumaça mais alto. Ou seja: se começar a desprender fumaça, você se ferrou. Isso acontece porque o óleo se quebra e solta radicais livres e uma série de outros lixos que não fazem bem para a saúde. Aqueça a gordura apenas até começar a brilhar e então comece a cozinhar.

Além da função, é bom saber se o óleo acrescenta sabores deliciosos aos pratos. É, isso mesmo. Confira as listas abaixo para dominar o assunto.

### Óleos a serem evitados

Pra ir direto ao ponto: não compre essas porcarias. A maioria é ultrarrefinada e não oferece benefícios nutricionais. Pegue outra coisa e faça seu dinheiro valer a pena.

- Óleo vegetal
- Gordura vegetal (principalmente se tiver gordura hidrogenada)
- Óleo de canola

### Para usar em fogo baixo a médio

- Azeite de oliva
- Óleo de coco não refinado (tem sabor de coco e se mantém em temperatura ambiente)
- Qualquer tipo usado para fogo alto (veja abaixo)

### Para usar em fogo alto

- Óleo de gergelim
- Óleo de semente de uva
- Óleo de amendoim
- Óleo de cártamo

### Para regar, para molhos e para incrementar o sabor

- Azeite de oliva extra virgem
- Óleo de nozes
- Óleo de gergelim tostado

Se você procura algum tipo de óleo que seja sólido em temperatura ambiente, para usar em coisas como massa de torta e biscoitos, use óleo de coco. Nem olhe para outros produtos. Agora vá em frente e prepare refeições deliciosas ou teste o conhecimento de seus familiares a respeito do assunto para parecer inteligente.

# RAVIÓLI CREMOSO COM MOLHO MARINARA CASEIRO

Preparar estas joias para alguém impressiona e deixa o encontro muito mais sexy. Nada diz "vamos continuar a comer no quarto" mais rápido do que massa recheada.

CERCA DE 30 UNIDADES COM 5 CM

**1** Para a massa: em uma tigela grande, misture as farinhas e o sal. Faça uma cavidade no centro e junte ¾ de xícara de água e o azeite. Vá misturando, até obter uma massa grosseira. Se ainda houver um pouco de farinha seca na vasilha, vá juntando mais 1 colher (sopa) de água de cada vez – sem passar de ¼ de xícara – até ficar homogêneo (deve ser um pouco mais seca e menos pegajosa que massa de pizza). Quando formar uma bola, amasse por 10 minutos sobre uma superfície bem enfarinhada, sovando bem para ficar macia e elástica. Se não fizer isso, provavelmente a massa ficará pastosa e grossa; nada de ter preguiça. Transfira novamente para a tigela, cubra e deixe na geladeira por pelo menos 30 minutos, mas até 2 horas.

**2** Enquanto a massa descansa, prepare a ricota de tofu e o molho marinara.

**3** Para montar os raviólis, use um cortador.** Em primeiro lugar, corte a massa ao meio. Em uma superfície bem enfarinhada, abra um dos pedaços em um retângulo com cerca de 0,3 cm de espessura e com o dobro da largura do cortador. Com a extremidade mais curta do retângulo de frente para você, use o cortador para marcar a massa com dois círculos, lado a lado – faça cerca de 15 pares ao longo do comprimento. Coloque 1 colher (sopa) da ricota de tofu sobre cada marca da esquerda. Com um pincel ou pedaço de papel-toalha, umedeça as bordas de todos os círculos e dobre a fileira da direita sobre a esquerda, para todas as marcas ficarem alinhadas e o recheio coberto (veja a foto da pág. 177). Corte os raviólis com o cortador, para selar, e transfira para uma assadeira grande. Repita o processo com a outra metade da massa. (Nessa altura, você pode congelar os raviólis ou cozinhar imediatamente.)

*(Calma aí, ainda não acabamos – vire a página.)*

**MASSA***

2 xícaras de farinha de trigo
½ xícara de farinha de trigo integral
uma pitada de sal
¾ a 1 xícara de água
3 colheres (sopa) de azeite de oliva

Molho marinara caseiro (pág. 176)
Ricota de tofu (pág. 177)

*\* Se você estiver preguiçoso pra cacete ou ficar com medo de preparar a própria massa, dá para trapacear e comprar massa para wantan. Desencane de abrir e cortar: basta colocar um pouco de recheio no centro, umedecer as beiradas e pressionar outro círculo de massa por cima, selando bem as bordas. Congele ou cozinhe imediatamente, da mesma maneira que a receita caseira.*

*\*\* Um cortador de ravióli não deve custar mais que uns trocados e torna o processo bem mais fácil. Ou use uma faca e corte a massa a olho, caso tenha coragem. Lembre-se apenas de umedecer os dedos e pressione as beiradas, para que o recheio não vaze enquanto cozinha.*

O grande lance | 175

**4** Para cozinhar, ferva uma panela grande de água com sal e junte porções com cerca de 8 a 10 raviólis, dependendo do tamanho. Ferva por 2 a 4 minutos, até boiar.

**5** Sirva com o molho marinara.\*\*\*

\*\*\* *Ou com seu molho preferido, ou com o Pesto de manjericão da Lasanha de cogumelo e espinafre (pág. 178), diluído em 2 colheres (sopa) de água.*

## MOLHO MARINARA

Você precisa saber como preparar um molho de tomate básico. É uma das regras deste livro.

**CERCA DE 4 XÍCARAS**

½ cebola grande\*
1 cenoura
3 dentes de alho\*\*
1 colher (chá) de azeite de oliva
1 colher (chá) de tomilho desidratado
uma pitada de pimenta vermelha em flocos
1 lata (800 g) de tomate pelado inteiro\*\*\*
sal

\* *Branca, amarela, doce, qualquer uma que esteja em promoção.*

\*\* *Ou use 5 dentes de alho assados (pág. 68).*

\*\*\* *Que não tenha uma tonelada de sal ou qualquer outro tempero.*

**1** Pique a cebola, corte a cenoura em pedaços do tamanho de ervilhas e amasse bem o alho. Você consegue fazer isso de olhos fechados.

**2** Em um caldeirão médio, em fogo médio, aqueça o azeite e refogue a cebola por 4 a 5 minutos, até começar a dourar em alguns pontos. Junte a cenoura e cozinhe por mais 2 minutos. Acrescente o alho, o tomilho e a pimenta em flocos. Deve desprender um aroma fenomenal.

**3** Abra a lata de tomates, pegue alguns e esmague com as mãos, como se fosse uma bolinha antiestresse. Coloque os pedaços na panela, repita com os outros tomates e junte ¾ de xícara do líquido que ficou na lata. Reduza o fogo para médio-baixo e cozinhe, sem tampar, por 25 a 30 minutos, até os tomates se desmancharem. Prove e acrescente mais alho, tomilho, sal ou o que você achar que precisa.

**4** Se quiser um molho mais homogêneo, bata no liquidificador ou com o mixer. Mantenha na geladeira por até 1 semana.

BURACOS DE FELICIDADE

## RICOTA DE TOFU

**CERCA DE 2 XÍCARAS**

**1** Bata as sementes de girassol no processador até obter pedaços minúsculos.

**2** Com as mãos, tire o tofu da embalagem e esprema para retirar a maior quantidade possível de líquido. Junte ao processador e bata para misturar às sementes e ficar quase homogêneo.

**3** Transfira para uma tigela e misture o azeite, as raspas e o suco de limão, o sal e o alho. Misture bem e acrescente a levedura nutricional. Pronto, pronto. Leve à geladeira até a hora de usar. Se tiver pouco tempo, prepare com um dia de antecedência.

¼ de xícara de semente de girassol crua e sem pele
1 bloco (400 g) de tofu extrafirme
1 colher (sopa) de azeite de oliva
½ colher (chá) de raspas de limão-siciliano
1 colher (sopa) de suco de limão-siciliano
¼ de colher (chá) de sal
3 a 4 dentes de alho amassados
¼ de xícara de levedura nutricional*

*Que diabos é isso? Veja a pág. 38.*

O grande lance | 177

# LASANHA DE COGUMELO E ESPINAFRE

É um pouco complicada, mas vale a pena. Prepare esta receita quando quiser impressionar convidados ou quando estiver se sentindo miseravelmente sozinho. Na boa: esta lasanha é melhor do que ter amigos.

**6 A 8 PORÇÕES (OU UMA ÚNICA PORÇÃO PARA VOCÊ COMER SOZINHO DURANTE 1 SEMANA E MEIA)**

### PESTO DE MANJERICÃO

- 1/3 de xícara de amêndoa em lascas ou fatias
- 1¼ xícara, apertada, de folhas de manjericão rasgadas
- 2 colheres (sopa) de azeite de oliva
- 2 colheres (sopa) de água
- 1 colher (sopa) de suco de limão-siciliano
- ½ colher (chá) de raspas de limão-siciliano
- ½ colher (chá) de sal
- 2 a 3 dentes de alho picados

### RECHEIO DE COGUMELO E ESPINAFRE

- 450 g de cogumelo-de-paris ou cremini*
- 1 colher (chá) de azeite de oliva
- 6 xícaras de espinafre
- sal

- 450 g de massa para lasanha
- 2 receitas de Molho marinara (pág. 176)
- 2 receitas de Ricota de tofu (pág. 177)
- tomate em fatias (opcional)

*Pode misturar metade de cada, ou faça como quiser.

**1** Coloque todos os ingredientes do pesto no liquidificador e bata até ficar homogêneo. Não tem processador? Não esquenta. Coloque as amêndoas em um saco plástico e bata com um rolo de massas ou uma lata, até quebrar em pedacinhos. Pique os outros ingredientes bem pequenos, também. Misture com um garfo, até formar uma pasta. Reserve.

**2** Para o recheio, retire os talos mais duros dos cogumelos e corte o restante em fatias que não sejam maiores do que uma moeda de 5 centavos. Aqueça o azeite em uma frigideira grande, em fogo médio, e refogue os cogumelos por cerca de 2 minutos. Junte o espinafre e uma pitada de sal. Cozinhe até murchar, por cerca de 3 minutos. Desligue o fogo e junte 2 colheres (sopa) do pesto. Prove e, se quiser, acrescente mais. Você é quem sabe.

**3** Aqueça o forno a 190 °C. Pegue um refratário de 20 x 25 cm.

**4** Cozinhe a massa da lasanha de acordo com as instruções da embalagem. Distribua cerca de 1 xícara do molho de tomate no fundo do refratário e cubra com fatias da massa, deixando sobrepor só um pouco. Cubra com cerca de 1/3 da ricota, 1/3 do recheio de cogumelo e mais 1 xícara de molho. Espalhe 1 ou 2 colheres (sopa) do pesto por cima de tudo e faça outra camada de massa. Repita até não sobrar mais espaço; faça a última camada de massa e cubra com o molho restante. Se quiser que fique superelegante, coloque fatias de tomate por cima.

**5** Cubra com papel-alumínio e leve ao forno por cerca de 30 minutos. Retire o papel e asse por mais 25 a 30 minutos, até que as beiradas da massa comecem a dourar. Reserve por 10 a 15 minutos antes de servir. Cubra com o pesto restante e sirva.

DÊ UM TEMPO PRO CARA
DO DELIVERY

# PAD THAI DE LEGUMES COM TOFU FRITO SEM ÓLEO

Pare de pedir aquele delivery sem graça. Você pode cozinhar melhor em casa, e bem rápido. Além disso, não precisa vestir a calça para atender a porta.

4 PORÇÕES

**1** Misture todos os ingredientes do molho em uma tigela média.

**2** Cozinhe os noodles de acordo com as instruções da embalagem. Passe por água fria. Pique os brócolis em pedaços pequenos e mantenha os outros ingredientes à mão. Prepare-se para saltear.

**3** Com tudo pronto à sua frente, aqueça o óleo em uma frigideira ou wok grandes, em fogo médio. Quando estiver quente, junte a chalota e salteie por cerca de 2 minutos, até começar a tostar nas beiradas. Junte os brócolis e cozinhe, sem parar de mexer, por mais 2 minutos, até ficar um pouco tostado, mas ainda firme. Acrescente o alho e frite por 30 segundos. Com cuidado, adicione os noodles e 1/3 do molho, mexendo para cobrir tudo. Continue a misturar e junte o tofu. Cozinhe por 30 segundos a 1 minuto, para incorporar, e vá acrescentando mais molho até ficar como você gosta. Desligue o fogo e acrescente a cebolinha e o coentro.

**4** Faça um montinho dessa delícia e sirva com o repolho, a cenoura e o broto de feijão, coberto com o amendoim. Coloque uns gomos de limão ao lado para espremer enquanto cai de boca no prato.

*\* Não coma a porção inteira de uma vez, porque é muito sal para um dia só. Diabos.*

*\*\* Ou cebola comum, se for só o que encontrar.*

*\*\*\* Como óleo de cártamo ou de semente de uva.*

*\*\*\*\* Roxo, verde, qualquer um deles.*

### MOLHO

¼ de xícara de suco de limão-taiti
¼ de xícara de molho de soja ou tamari\*
3 colheres (sopa) de água
3 colheres (sopa) de açúcar mascavo
3 colheres (sopa) de massa de tomate
3 colheres (sopa) de vinagre de arroz

### MASSA

400 g de noodles de arroz
1 maço médio de brócolis
⅓ de xícara de chalota em fatias\*\*
4 dentes de alho amassados
1 xícara de cebolinha picada
¼ de xícara de coentro grosseiramente picado
2 colheres (chá) de óleo de sabor neutro\*\*\*
Tofu frito sem óleo (pág. 182)

### ACOMPANHAMENTOS

2 xícaras de repolho fatiado\*\*\*\*
1 cenoura cortada em palitos finos
1 xícara de broto de feijão
amendoim picado
gomos de limão-taiti

O grande lance

# TOFU FRITO SEM ÓLEO

Quer um tofu crocante, mas sem aquela porcaria toda de óleo? AQUI ESTÁ.

**2 A 4 PORÇÕES OU PARA ACRESCENTAR A UMA RECEITA DE PRATO PRINCIPAL**

1 bloco de tofu extrafirme, pressionado por pelo menos 30 minutos (veja "Como assar tofu", pág. 104)
uma pitada de sal

**1** Corte o tofu na vertical em placas com cerca de 0,5 cm de espessura. Depois, corte cada uma ao meio para obter cerca de 20 pedaços meio quadrados.

**2** Preaqueça uma wok ou frigideira de ferro fundido grandes*, em fogo médio. Quando estiver quente, distribua o tofu em uma única camada – capaz de você ter que trabalhar em diferentes porções, dependendo do tamanho da frigideira. O tofu deve chiar assim que encostar no fundo da frigideira; se não fizer barulho, aumente um pouco o fogo.

**3** Polvilhe uma pitada de sal e, com cuidado, pressione os pedaços de tofu com uma espátula. Você vai ouvir o vapor escapar de baixo do tofu enquanto trabalha. Parecem gritos, mas siga em frente. Não tente virar ainda, pois é preciso tostar primeiro. Depois de 3 ou 4 minutos, a parte de baixo do tofu deve estar dourada. Vire e repita o processo. Quando o tofu estiver cozido por igual, dá para cortar em tirinhas, triângulos ou quadrados menores, como você quiser. Só precisa manter maior no início, pra ficar mais fácil de virar.

*Tem que ser uma panela bem temperada, para o tofu não grudar. Se não der certo, use uma antiaderente.*

## MOSTRE AO TOFU QUEM MANDA NO PEDAÇO

# ENCHILADAS DE BATATA-DOCE, ABOBRINHA E FEIJÃO-PRETO

Existem dois tipos de pessoas no mundo: quem adora enchiladas e quem não tem porra de paladar nenhum. Em qual deles você se encaixa?

**8 UNIDADES, SUFICIENTES PARA 4 PESSOAS**

**1** Prepare o molho: coloque tudo, menos o suco de limão, em uma panela média. Espere ferver e misture com um batedor de arame para que a massa de tomate se dissolva. Cozinhe por 10 a 15 minutos, para engrossar um pouco. Junte o suco de limão e desligue o fogo. Espere esfriar enquanto faz o recheio.

**2** Encha uma panela média com 2,5 a 5 cm de água e ferva em fogo médio. Adapte por cima a peneira para cozinhar no vapor e encha com a batata-doce picada. Tampe e cozinhe por 10 a 15 minutos, até ficar macia. Transfira para uma tigela e amasse – pode deixar uns pedaços, não precisa dar muito duro para que fique homogêneo.

**3** Enquanto a batata-doce cozinha, aqueça o azeite em uma frigideira ou wok grandes, em fogo médio. Refogue a cebola por 3 a 5 minutos, até começar a dourar. Junte a abobrinha e cozinhe por mais 1 minuto. Acrescente a pimenta em pó, o cominho, o sal, o alho e o feijão. Cozinhe por 2 minutos, adicione a batata-doce e o maple syrup, misture e tire do fogo. Mexa bem para incorporar tudo.

**4** É hora de fazer as enchiladas matadoras. Aqueça o forno a 190 °C e pegue um refratário de 23 x 33 cm.

*(continue lendo, a gente não terminou…)*

\* *Você precisa apenas de uma batata-doce grande cozida. Se tiver sobras do tubérculo assado ou algo do gênero, tire a polpa e prepare a receita. Ou prepare no micro-ondas, se for mais conveniente: fure com um garfo e cozinhe em potência alta por 5 minutos; vire e deixe por mais 5 minutos.*

**MOLHO DA ENCHILADA**

2¼ xícaras de caldo de legumes
⅓ de xícara de massa de tomate
2½ colheres (sopa) de pimenta vermelha em pó
2 colheres (chá) de cominho em pó
1½ colher (chá) de orégano desidratado
2 a 3 dentes de alho amassados
2 colheres (chá) de molho de soja ou tamari
1 colher (sopa) de suco de limão-taiti

**RECHEIO**

1 batata-doce grande (cerca de 450 g) picada em pedaços do tamanho de uma moeda\*
2 colheres (chá) de azeite de oliva
½ cebola picada
1 abobrinha média, ralada no ralador (cerca de 1 xícara)
1 colher (chá) de pimenta vermelha em pó
½ colher (chá) de cominho em pó

½ colher (chá) de sal
2 dentes de alho amassados
1½ xícara de feijão-preto cozido**
1 colher (chá) de maple syrup ou xarope de agave
1 pacote de tortilhas de milho ou de trigo
abacate em fatias
coentro fresco picado

**5** Cubra o fundo da vasilha com cerca de 1½ xícara do molho. Aqueça as tortilhas na chapa, no forno ou no micro-ondas. Mergulhe uma tortilha em um pouco do molho no refratário, para cobrir o fundo. Encha com algumas colheradas do recheio, enrole e coloque na travessa com o lado da emenda para baixo. Você sabe a aparência que deve ter, então faz direito. Repita até preencher todo o espaço do refratário ou ficar sem recheio.

**6** Distribua o molho restante por cima, cubra bem apertado com papel-alumínio e leve ao forno por 20 minutos. Retire o papel e asse por mais 5 minutos. Espere esfriar por 1 ou 2 minutos antes de servir. E fique à vontade para enfeitar com um pouco de abacate em fatias ou coentro picado se der a mínima para a aparência.

** *Ou 1 lata de 425 g.*

# CURRY DE MANGA

Em San Diego existe um restaurante tailandês de beira de praia que serve um curry de comer de joelhos. Esta receita é nossa tentativa de reproduzi-lo — se você um dia estiver ali por perto, porém, não deixe de ir ao Thai Village para experimentar a receita original.

**4 PORÇÕES**

1 colher (chá) de óleo de coco ou de semente de uva
½ cebola picada
1½ xícara de vagem cortada em pedaços de 2,5 cm
1 abobrinha-italiana média cortada em meias-luas de 0,3 cm
1 pimentão amarelo ou vermelho picado
3 dentes de alho amassados
1½ colher (sopa) de gengibre fresco ralado
2 colheres (sopa) de pasta de curry vermelho*
1 colher (sopa) de molho de soja ou tamari
1½ xícara de leite de coco
1 xícara de caldo de legumes
1 manga madura cortada em pedaços (veja pág. 102)
Tofu frito sem óleo (pág. 182)
2 colheres (sopa) de suco de limão-taiti
Arroz integral básico (pág. 24)

**1** Em um caldeirão médio, aqueça o óleo em fogo médio e refogue a cebola por cerca de 3 minutos, até dourar levemente. Junte a vagem, a abobrinha e o pimentão e cozinhe por 2 a 3 minutos, até começar a ficar macio. Acrescente o alho, o gengibre e a pasta de curry; frite por 30 segundos. Agora inspire esse aroma delicioso. Adicione o molho de soja, o leite de coco e o caldo de legumes; espere borbulhar.

**2** Quando tudo estiver borbulhando levemente, junte a manga e o tofu. Reduza o fogo para baixo e cozinhe por 5 a 8 minutos, até a manga ficar macia e começar a desmanchar. Desligue o fogo, acrescente o suco de limão e mande bala. Sirva com arroz integral e mande os vizinhos embora quando baterem em sua porta para perguntar que cheiro delicioso é esse.

*No supermercado, procure em embalagens de vidro perto do leite de coco e do molho de soja, ou compre em lojas de produtos asiáticos. É feita de coisas como chalotas, capim-cidreira, gengibre tailandês e pimenta vermelha. Algumas são mais picantes do que outras, então acrescente 1 colher (sopa) no início e vá provando para ver se precisa de mais. Existem centenas de maneiras de preparar sua própria pasta de curry – se conhecer alguma loja especializada, procure uma receita e faça em casa. O mais difícil, acredite, é encontrar os ingredientes.*

# DICA ESPERTA

## QUE DIABOS É COMIDA ORGÂNICA?

Quando se trata de propaganda, a indústria alimentícia inventa todo tipo de insanidade para vender seus produtos. Você precisa conhecer a definição desses termos "verdes" para não ser enganado na hora das compras.

É o seguinte: alimentos orgânicos são cultivados e produzidos sem o uso de pesticidas convencionais, fertilizantes sintéticos, água de esgoto, irradiação ou engenharia genética. Antes de o selo orgânico ser concedido, deve haver inspeções para garantir que o produtor atende as diretrizes do Ministério da Agricultura. Tudo isso custa dinheiro, e essa é uma das razões para que alimentos orgânicos sejam mais caros. E alguns fazendeiros que cultivam em pequena escala não podem arcar com o custo do certificado. É bom saber disso. Sal e água não recebem selos de orgânico – se você encontrar alguém vendendo água orgânica, portanto, dê um safanão e ria na cara dele. Eis um diagnóstico do que cada nome contém:

**100% orgânico:** um auditor independente encontrou apenas ingredientes orgânicos no produto. Procure o selo da certificação para saber se é algo legítimo.

**Orgânico:** é 95% orgânico – os outros 5% devem fazer parte de uma lista de ingredientes aprovada pelo ministério. O selo também vale para esses produtos.

**Feito com ingredientes orgânicos:** significa que o produto contém pelo menos 70% de ingredientes orgânicos. Eles aparecem com um asterisco na lista de ingredientes.

**Natural:** não significa nada em relação a frutas, hortaliças, grãos e leguminosas. É possível usar a palavra em qualquer coisa para fazer com que pareça saudável ou sustentável. Não tem o menor valor, porque não passa por regulamentação nenhuma.

Fique de olho, também, nos imbecis que usam a palavra "orgânico" no nome do produto ou da empresa, apenas para confundir as pessoas. Dedique um tempo a ler os rótulos com cuidado para não ser enganado.

O grande lance | 187

# ESPAGUETE COM MOLHO AVELUDADO DE PIMENTÃO VERMELHO, ABOBRINHA E MANJERICÃO

Não deixe que um pouco de soja te assuste diante dessa refeição sexy para o verão. Fica do outro mundo quando servida com a Salada Caesar com amêndoa (pág. 67) se quiser preparar um jantar cheio de etapas.

**4 PORÇÕES COMO PRATO PRINCIPAL, MAS SE VOCÊ ESTIVER SOZINHO AS SOBRAS SÃO SUFICIENTES PARA MANTÊ-LO ALIMENTADO EM BOA PARTE DA SEMANA**

## MOLHO AVELUDADO DE PIMENTÃO VERMELHO

340 g de tofu macio*
2 pimentões vermelhos tostados (veja página oposta) e picados
3 a 4 dentes de alho amassados
1½ colher (sopa) de vinagre de vinho tinto
2 colheres (chá) de azeite de oliva
¼ de xícara de levedura nutricional**
¾ de colher (chá) de sal
1 colher (chá) de pimenta vermelha em flocos

## MASSA

450 g de espaguete, linguini ou fettuccine***
4 abobrinhas-italianas médias****
1 xícara de manjericão cortado em tirinhas finas

**1** Em primeiro lugar, prepare o molho. Coloque tudo no liquidificador ou no processador e bata em velocidade alta até ficar homogêneo. Transfira para uma panela pequena e deixe no fogão. A gente já volta para cá.

**2** Cozinhe a massa de acordo com as instruções da embalagem… ou conforme seu instinto. Enquanto isso, corte a abobrinha em palitos. Sim, mostre ao mundo sua habilidade com as facas. Tente deixar os palitos com a mesma espessura da massa, para se misturarem bem quando forem combinados ao espaguete. Mas não precisa passar o dia inteiro tentando conseguir isso. Procure cortar tiras gêmeas do macarrão e depois lide com o resultado.

**3** Um pouco antes de a massa ficar pronta, aqueça o molho em fogo baixo, sem deixar ferver. Quando o macarrão estiver cozido, escorra e transfira para uma tigela grande. Junte a abobrinha e o molho. Misture muito bem – o calor da massa e do molho deve deixar a abobrinha um pouco amolecida. Acrescente o manjericão, misture e prove. Se quiser, junte mais vinagre, sal ou flocos de pimenta vermelha. Enfeite com uma ou duas folhinhas de manjericão e sirva imediatamente.

*Do tipo que vem em embalagens herméticas. No supermercado, fica perto do molho de soja.*

**Que diabos é isso? Veja a pág. 38.*

***Integral ou comum. O importante é usar uma massa comprida e fina.*

****Com cerca de 10 a 12,5 cm de comprimento e a circunferência igual à do braço de um bebê.*

## COMO TOSTAR PIMENTÕES

Pare de dar uma de preguiçoso ao comprar pimentões tostados em conserva como se nadasse em dinheiro: é a mesma coisa que queimar sua grana. Além de fácil, você ainda economiza. Pegue um pouco de papel-alumínio, alguns pimentões e vai lá pra beira do fogão.

1. Coloque cada pimentão no centro do queimador do fogão* e acenda o fogo alto. Queime toda a pele de cada pimentão, girando até todos os lados ficarem pretos. Use pegadores compridos para segurar – não as suas mãos – ou prepare-se para viver com as consequências de sua decisão estúpida.
2. Quando os pimentões estiverem queimados por inteiro, embrulhe cada um em papel-alumínio e aperte bem, para não deixar o vapor escapar. Deixe esfriar por cerca de 15 minutos.
3. Depois de frios, a pele vai se separar um pouco da polpa e você consegue descascar sem problemas. Não passe pela água da torneira, achando que vai economizar tempo, pois isso leva embora todo o sabor defumado. Não seja imbecil.

Depois de descascar os pimentões, prepare algo maravilhoso, como o molho da página ao lado, ou acrescente ao Molho marinara caseiro (pág. 176). Dá para preparar com 1 ou 2 dias de antecedência e manter na geladeira em uma embalagem de fecho hermético.

*Se tiver fogão elétrico, use outro método. Aqueça o forno a 200 °C e forre uma assadeira com papel-alumínio. Coloque os pimentões, asse por 25 minutos, vire e deixe por mais 25 minutos, até ficarem queimados e macios. Embrulhe em papel-alumínio, da mesma maneira, e siga os passos restantes. Pronto, viu, tá pronto.

ELA SURGE DO SOLO
EM UMA IMAGEM TRIDIMENSIONAL!
NENHUMA COZINHA DO MUNDO É CAPAZ DE SEGURAR...
A MONUMENTAL
COUVE-FLOR

# FETTUCCINE COM CREME DE COUVE-FLOR E ERVAS FRESCAS

Tá a fim de um macarrão cremoso sem ter que se preocupar com o colesterol? O purê de couve-flor deixa esta receita aveludada sem nada daquelas porcarias que fizeram você passar longe de molhos cremosos durante anos. Fique à vontade para incrementar com aspargo assado, brócolis no vapor ou pimentões tostados, algo assim.

**4 PORÇÕES**

**1** Cozinhe a massa de acordo com as instruções da embalagem ou segundo qualquer outro método que você inventou e jura que funciona. Quando estiver pronto, transfira para uma tigela grande, junte o espinafre, misture e reserve.

**2** Enquanto o macarrão cozinha, ferva água em uma panela média. Acrescente uma pitada de sal e a couve-flor. Cozinhe por 5 a 7 minutos, até ficar macia. Escorra e coloque a couve-flor no liquidificador.

**3** Junte o leite, o alho, o suco de limão, o azeite, o missô e uma pitada de sal. Bata até ficar cremoso. Prove e ajuste os temperos como quiser.

**4** Transfira o purê para a panela em que você cozinhou a couve-flor e aqueça em fogo baixo. Junte a massa com espinafre e mexa para misturar e aquecer. Cubra com um pouco de salsinha e tempere com sal e pimenta-do-reino a gosto. Sirva quente.

*\* Qualquer tipo que você compre para fazer sopa. Mas o que diabos é isso? Veja a pág. 116.*

- 450 g de fettuccine, linguini, espaguete, algo do gênero
- 4 xícaras de espinafre picado
- sal e pimenta-do-reino
- ½ couve-flor (cerca de 450 g) cortada em buquês
- ½ xícara de leite vegetal sem açúcar
- 2 ou 3 dentes de alho amassados
- 1 colher (sopa) de suco de limão-siciliano
- 1 colher (sopa) de azeite de oliva
- 1 colher (chá) de missô\*
- ⅓ de xícara de salsinha fresca picada

# BURRITOS DE BRÓCOLIS
## E GRÃO-DE-BICO TOSTADO

É o prato preferido de um fã e tinha que aparecer no livro. Básico para o jantar durante a semana e o tipo de burrito matador que você precisa incluir no seu repertório. Ouça os fãs, eles sabem o que funciona.

**4 A 6 UNIDADES**

COMIDA DE **CAMPEÃO**, NÃO DE UM **BABACÃO**

# GRÃO-DE-BICO SERVE PARA MUITO MAIS DO QUE HOMUS, TÁ LIGADO?

**1** Aqueça o forno a 220 °C e pegue uma assadeira grande.

**2** Pique a cebola, o pimentão e os brócolis em pedaços do tamanho de um grão-de-bico. Coloque tudo em uma tigela grande com o grão-de-bico. Regue com o azeite, misture e acrescente todos os temperos. Misture bem, até cobrir tudo. Transfira para a assadeira e leve ao forno por 20 minutos.

**3** Tire do forno – sem se queimar –, junte o alho e misture. Asse por mais 15 minutos. Os brócolis podem parecer um pouco queimados, mas é assim mesmo. Desencana. Tire do forno, esprema o limão sobre os ingredientes e misture. Prove para ver se quer mais temperos.

**4** Agora prepare os burritos. A gente gosta de incluir espinafre, abacate, coentro e um pouco de Salsa de tomate na brasa, mas faça do seu jeito.

\* Ou 2 latas de 425 g.

\*\* Ou mais cominho, se não quiser sair de casa para comprar isso.

1 cebola grande
1 pimentão vermelho
um maço grande de brócolis
3 xícaras de grão-de-bico cozido\*
3 colheres (sopa) de azeite de oliva
1 a 2 colheres (sopa) de molho de soja ou tamari
2 colheres (chá) de pimenta vermelha em pó
1 colher (chá) de cominho em pó
1 colher (chá) de páprica defumada
½ colher (chá) de coentro moído\*\*
pimenta-de-caiena a gosto
4 dentes de alho amassados
½ limão-taiti
4 a 6 tortilhas de trigo
acompanhamentos como espinafre, abacate, coentro fresco e Salsa de tomate na brasa (pág. 152)

O grande lance | 193

# TACOS DE COUVE-FLOR ASSADA COM CERVEJA E LIMÃO E SALADA DE COENTRO

Pegue a cerveja e mãos à obra. Só não fique bêbado enquanto não terminar de cozinhar.

**CERCA DE 6 UNIDADES**

1 couve-flor (cerca de 450 g)
¾ de xícara de cerveja*
¼ de xícara de caldo de legumes**
1 colher (sopa) de suco de limão-taiti
1½ colher (chá) de molho de soja ou tamari
1½ colher (chá) do molho de pimenta que você costuma usar
1 a 2 dentes de alho em fatias
1½ colher (chá) de pimenta vermelha em pó
1 colher (chá) de páprica defumada
¼ de colher (chá) de cominho em pó
¼ de colher (chá) de alho em pó
uma pitada de sal
1 colher (sopa) de azeite de oliva
½ cebola picada
6 tortilhas de milho
1 abacate pequeno em fatias
Salada rápida de limão e coentro (pág. 196)
Salsa de tomate na brasa (pág. 152)

**1** Aqueça o forno a 200 °C e separe uma assadeira.

**2** Pique a couve-flor em buquês do tamanho de uma moeda. Em uma panela, aqueça a cerveja, o caldo, o suco de limão, os molhos de soja e de pimenta e o alho em fogo médio. Acrescente a couve-flor e cozinhe por cerca de 1 minuto e meio. Escorra.

**3** Em uma tigela grande, misture os temperos, o sal e o azeite. Junte a couve-flor e a cebola, mexendo até cobrir tudo. Transfira para a assadeira e leve ao forno até dourar, por cerca de 20 minutos, virando na metade do tempo.

**4** Para os tacos, aqueça as tortilhas no forno ou no micro-ondas por 1 minuto. Recheie com a couve-flor, fatias de abacate e um pouco de salada. Cubra com um monte de salsa.

*Qualquer uma que você queira beber depois. Só não use nenhuma variedade como stout ou outro tipo mais encorpado.*

**Para um caldo caseiro, veja a pág. 114, mas use o que estiver disponível.*

# AMOR·AO·MILHO

UMA TORTILHA DE MILHO DOBRADA É O CAMINHO MAIS CURTO PARA CONQUISTAR SEU PALADAR. E OS TACOS DE COUVE-FLOR ASSADA SÃO AINDA MAIS APAIXONANTES

## SALADA RÁPIDA DE LIMÃO E COENTRO

½ repolho branco (cerca de 225 g)
1 cenoura pequena
2 colheres (sopa) de suco de limão-taiti
2 colheres (sopa) de vinagre de arroz
1 colher (chá) de azeite de oliva
uma pitada de sal
⅓ de xícara de coentro picado

A qualquer hora, é uma delícia em todos os tipos de taco. Guarde isso na memória, porque você nunca mais vai precisar comer tacos sem recheio.

---

Corte o repolho nas tiras mais finas que conseguir e com não mais de 5 cm de comprimento. Aproveite para treinar bem o trabalho com a faca – existe algo de bom em toda essa trabalheira. Corte a cenoura em palitos finos do mesmo tamanho. Aprendeu, certo? Em uma tigela pequena, misture o suco de limão, o vinagre, o azeite e o sal. Junte o molho imediatamente antes de servir e misture bem. Acrescente o coentro e sirva.

# NOODLES COM TEMPEH, MOLHO DE AMENDOIM E COUVE

Isto rende ótimas sobras. Na primeira noite, coma do jeito que é. Para o almoço do dia seguinte, junte um pouco de cenoura e pepino em palitos e sirva frio, como salada. É coisa de preguiçoso, mas ninguém vai reparar.

---

4 PORÇÕES

**1** Prepare o molho: em uma tigela média, bata a manteiga de amendoim com a água, até ficar cremoso. Junte os outros ingredientes e misture até incorporar tudo. Simples assim.

**2** Cozinhe a massa de acordo com as instruções da embalagem – mas use uma panela maior do que o normal. Nos últimos 30 segundos de cozimento, junte a couve e misture para cobrir tudo com a água. Depois de 30 segundos, escorra os noodles e a couve. Passe por água fria para interromper o processo de cozimento e conservar o verde da hortaliça. É o que se chama de "branqueamento preguiçoso". Algumas pessoas fazem isso em panelas separadas, mas geralmente é quem não lava a própria louça. Danem-se.

**3** Aqueça o óleo em uma frigideira ou wok grandes. Esmigalhe o tempeh em pedaços médios e salteie por 2 a 3 minutos, até começar a dourar. Junte o molho de soja, o vinagre, o gengibre e o alho; frite por mais 30 segundos. Desligue o fogo e acrescente os noodles com ¾ do molho. Misture bem para cobrir tudo e incorporar o tempeh à massa. Prove e, se quiser, junte o restante do molho. Caso contrário, guarde – os noodles absorvem bem o líquido e pode ser bacana manter um pouco para comer com as sobras. Cubra com cebolinha e sirva morno ou em temperatura ambiente.

*Não compre nenhum produto que tenha qualquer coisa além de amendoim, um pouco de óleo e sal na lista de ingredientes. O resto é totalmente desnecessário.*

*\*\* Opcional, mas você devia incluir.*

*\*\*\* Sobá, udon, espaguete, o que for.*

**MOLHO DE AMENDOIM**

½ xícara de manteiga de amendoim cremosa*
½ xícara de água morna
¼ de xícara de vinagre de arroz
2 colheres (chá) de óleo de gergelim torrado
2 colheres (chá) de suco de limão-siciliano
2 colheres (chá) de molho de soja ou tamari
1 colher (chá) de maple syrup ou xarope de agave
1 colher (chá) de pasta de pimenta com alho ou molho de pimenta ao estilo oriental (opcional**)

**MASSA E LEGUMES**

340 g de noodles***
6 xícaras de couve picada
1 colher (chá) de óleo de semente de uva ou de coco, refinado
225 g de tempeh
1 colher (chá) de molho de soja ou tamari
1 colher (sopa) de vinagre de arroz
2 colheres (sopa) de gengibre fresco ralado
3 dentes de alho amassados
½ xícara de cebolinha picada

O grande lance

# HAMBÚRGUER DE FEIJÃO-BRANCO E LENTILHA VERMELHA

Este não é mais um daqueles hambúrgueres falsos insossos que você encontra nos restaurantes. Trata-se de um sanduba vegetariano tão bom que logo, logo você vai repetir a receita. Combina com os Tubérculos crocantes (página ao lado) ou com a Salada de batata assada (pág. 73).

**8 UNIDADES GRANDES**

- 1/3 de xícara de lentilha vermelha
- 2/3 de xícara de água
- 3 xícaras de feijão-branco cozido
- 1/2 cebola roxa picada
- 3 dentes de alho amassados
- 1 pimenta jalapeño picada
- 1/2 xícara de farinha de rosca ou migalhas de pão
- 1 1/2 colher (chá) de páprica defumada
- 1 1/2 colher (chá) de sua mistura de temperos preferida, sem sal*
- 1 colher (chá) de cominho em pó
- 1 colher (sopa) de azeite de oliva
- 1/2 colher (chá) de sal
- raspas de 1/2 limão-taiti
- óleo para borrifar
- acompanhamentos tradicionais de hambúrguer, como pãezinhos, alface, tomate, cebola etc.

**1** Em uma panela média, ferva a lentilha com a água. Reduza o fogo e cozinhe por cerca de 10 minutos, até os grãos ficarem macios, começando a se desfazer, e quase todo o líquido evaporar. Escorra a água restante e deixe a lentilha esfriar enquanto você prepara o resto.

**2** Em uma tigela grande, amasse o feijão. Junte a lentilha e os ingredientes restantes (exceto o óleo e os acompanhamentos). Se achar que a massa está muito úmida e não mantém a forma, acrescente mais farinha de rosca. Modele hambúrgueres (você sabe, do tamanho normal) e coloque em uma assadeira untada. Leve à geladeira, coberta, por pelo menos 30 minutos e até 4 horas.

**3** Aqueça o forno a 200 °C um pouco antes de comer. Borrife levemente os hambúrgueres com óleo e asse por cerca de 30 minutos, virando na metade do tempo. Devem dourar dos dois lados. Sirva com os acompanhamentos que quiser e mande bala.

*Não sabe o que é isso? Quer fazer uma versão caseira? Veja na pág. 38.*

# TUBÉRCULOS CROCANTES

Aqueça o forno a 220 °C. Forre uma assadeira com papel antiaderente ou alumínio. Em uma tigela pequena, misture a farinha, as especiarias e o sal. Em uma vasilha grande, junte o suco de limão, o molho de soja e o azeite; acrescente os tubérculos. Polvilhe a mistura de temperos e misture para cobrir tudo. Espalhe na assadeira e leve ao forno até dourar e ficar levemente crocante, por cerca de 30 minutos, virando na metade do tempo. Sirva morno com seu molho preferido.

*Do tamanho de batatas fritas, seus exagerados. Dá para usar batata, cenoura, mandioquinha, nabo – a combinação que você quiser.

5 colheres (sopa) de farinha de arroz integral ou farinha de trigo
½ colher (chá) de alho em pó
½ colher (chá) de pimenta vermelha em pó
uma pitada de sal
1 colher (sopa) de suco de limão-siciliano
1 colher (chá) de molho de soja ou tamari
2 colheres (sopa) de azeite de oliva
900 g de quaisquer tubérculos que encontrar, sem casca e cortados em palitos da espessura de um dedo*

**EXPERIMENTE COISAS NOVAS, TIPO BATATAS FRITAS**

# BURRITOS DE FEIJÃO BARBECUE COM SALSA DE PÊSSEGO GRELHADO

Este prato foi levemente inspirado por algo servido no famoso restaurante Pure Luck, de Los Angeles. Quando o lugar fechou as portas, a gente quase morreu — mas a síndrome de abstinência fez com que criássemos a receita. Descanse em paz, Pure Luck.

**6 UNIDADES GRANDES**

### FEIJÃO BARBECUE
½ cebola picada
3 colheres (sopa) de massa de tomate
3 a 4 dentes de alho amassados
4 pimentas chipotle em conserva de adobo*, mais 1 colher (sopa) do molho
¼ de xícara de caldo de legumes ou água
2 colheres (sopa) de suco de laranja
2 colheres (sopa) de açúcar mascavo claro
1 colher (sopa) de melado
1 colher (chá) de molho de soja ou tamari
3 xícaras de feijão-carioquinha cozido**

### BURRITO
6 tortilhas de trigo grandes
Arroz de forno espanhol (pág. 109)
alface picada
Salsa de pêssego grelhado (pág. 151)
abacate em fatias

**1** Primeiro, prepare os feijões: bata a cebola, a massa de tomate, o alho, a pimenta com o molho, o caldo de legumes, o suco, o açúcar, o melado e o molho de soja no processador ou no liquidificador, até ficar homogêneo. Transfira para uma panela média em fogo médio-baixo, junte o feijão e cozinhe por 5 a 10 minutos, até aquecer e os grãos absorverem o sabor.

**2** Para montar os burritos, pegue uma tortilha e recheie com uma colherada de feijão, um pouco de arroz e um punhado de alface. Cubra com a salsa e fatias de abacate. Sirva imediatamente, porque os burritos não esperam.

*Essas pimentas defumadas são vendidas em latinhas, na maioria dos supermercados, perto das salsas e dos feijões, ou em lojas de produtos importados. Acredite, está lá: olhe direito antes de começar a reclamar.*

**Ou 2 latas de 425 g cada, se não quiser cozinhar.*

## O BASICÃO

## COMO MONTAR UMA CUMBUCA

Uma das maneiras mais fáceis de preparar um jantar satisfatório e combinar seus sabores preferidos é montar uma cumbuca. Basta empilhar um monte de comida na tigela e mandar bala. Também é um ótimo jeito de usar sobras sem parecer que você está comendo a mesma coisa em todos os dias da semana. Cumbucas são a resposta e nós vamos ensinar como fazer.

1. Comece com um tipo de grão ou carboidrato que preencha até ⅓ da tigela. Pode ser alguma variedade de arroz, noodles, cuscuz marroquino, quinoa, batata... algo substancial, para servir de base.

2. Em seguida, preencha mais ⅓ da cumbuca com algumas hortaliças. Você pode fazer a linha simples, com verduras salteadas e cenoura ralada, ou esbanjar, preparando legumes da estação grelhados, como na Cumbuca de primavera (pág. 205). Só precisa ter quantidade e um pouco de variedade. Se estiver em dúvida, pegue um punhado de couve e vá em frente.

3. Agora é preciso preencher o espaço restante com um pouco de proteína. Podem ser leguminosas cozidas, tofu assado, tempeh, qualquer coisa que você tiver vontade de comer ou que estiver dando sopa na geladeira. Só precisa fazer um pouco de sentido. Montar uma cumbuca de quinoa com hortelã e Feijão assado com maçã (pág. 95) seria uma aberração. Não faça bobagem. Confie em seus instintos e terá uma refeição excelente.

4. Por fim, várias pessoas finalizam a cumbuca com um molho de algum tipo – como na Cumbuca de arroz integral com edamame (pág. 39). É uma escolha sensacional caso você esteja usando ingredientes simples, que precisam de um empurrãozinho. Se a proteína já tiver personalidade, porém, desencana disso.

Ainda não sabe por onde começar? Eis algumas combinações feitas com receitas deste livro, para servir como inspiração:

**C** = Carboidratos
**H** = Hortaliças
**P** = Proteínas

**C** Quinoa com limão e hortelã (pág. 72);
**H** Alface, cenoura e pepino picados;
**P** Recheio dos Wraps de grão-de-bico picante com molho de tahine (pág. 60)

**C** Arroz integral básico (pág. 24) ou Salada de batata assada com ervas frescas (pág. 73);
**H** Verduras refogadas (pág. 108); **P** Tempeh do Sanduíche de tempeh e cenoura (pág. 83) com o molho de tahine dos Wraps de grão-de-bico picante (pág. 60)

**C** Quinoa cozida (pág. 23); **H** Alface, cenoura e pepino picados; Petisco picante de couve-flor assada com molho de amendoim (pág. 156); **P** Tofu frito sem óleo (pág. 182)

**C** Arroz de forno espanhol (pág. 109);
**H** Couve picada; Salsa de pêssego grelhado (pág. 151); **P** Recheio dos Burritos de feijão barbecue (pág. 200)

**C** Noodles de arroz cozidos (veja a Salada vietnamita, pág. 78); **H** Verduras picadas, cenouras e Picles rápidos de pepino e cebola (pág. 148); **P** Tofu assado com marinada cítrica adocicada (pág. 105) e Salsa adocicada de ervas frescas (pág. 152)

**C** Arroz integral básico (pág. 24); **H** Repolho e batata braseados (pág. 76); **P** Feijão assado com maçã (pág. 95)

# CUMBUCA DE PRIMAVERA COM MOLHO DE LIMÃO E CURRY VERMELHO

Suculenta e com sabor defumado, esta receita em camadas é boa quente ou fria. Não deixe que a primavera vá embora sem preparar uma destas enormes tigelas.

**4 A 6 PORÇÕES QUE SATISFAZEM PRA CARAMBA**

225 g de noodles finos de arroz
Molho de curry vermelho e limão (pág. 206)
4 acelgas chinesas (bok choy) cortadas ao meio na vertical
450 g de aspargo aparado
2 colheres (sopa) de óleo de semente de uva, mais um pouco para grelhar
½ limão-taiti
sal
Tofu assado com gengibre e gergelim ou com molho cítrico (pág. 105), cortado em tirinhas
½ xícara de cebolinha picada

**1** Cozinhe os noodles de acordo com as instruções da embalagem. Escorra e passe por água fria por um segundo. Reserve. A gente precisa disso mais tarde.

**2** Em seguida, prepare o Molho de curry vermelho e limão.

**3** Pincele a acelga chinesa e o aspargo com 1 colher (sopa) do óleo cada. Aqueça uma grelha (ou o grill do forno) em fogo médio-alto e unte levemente com uma fina camada de óleo. Grelhe os aspargos até essas delícias pontudas ficarem com as marcas da grelha e os talos cederem um pouco quando você testar com o pegador – de 5 a 8 minutos, virando periodicamente. Junte a acelga chinesa e grelhe por 3 a 4 minutos de cada lado, também para adquirir as agradáveis marcas. Quando estiverem no ponto, espreme o suco de limão por cima e tempere com uma pitada de sal. Assim que ficar morno, corte cada pedaço da acelga ao meio, para facilitar na hora de comer. Da mesma maneira, corte o aspargo em pedaços de 5 cm.

**4** Agora monte as cumbucas. Em uma das laterais, coloque um punhado dos noodles (cerca de 1 xícara). Nos outros ⅔ da tigela, faça um montinho com legumes grelhados e tiras de tofu. Regue com o molho, polvilhe a cebolinha e sirva imediatamente.

## MOLHO DE CURRY VERMELHO E LIMÃO

Excelente para manter na geladeira e usar quando as sobras parecerem sem graça.

- 1 xícara de caldo de legumes
- 2 colheres (sopa) de pasta de curry vermelho*
- ½ colher (chá) de raspas de limão-taiti
- 2 colheres (sopa) de suco de limão-taiti
- 2 colheres (sopa) de gengibre fresco ralado
- 1 colher (sopa) de manteiga de amendoim
- 1 colher (sopa) de açúcar mascavo, maple syrup ou xarope de agave
- 2 colheres (chá) de molho de soja ou tamari
- 1 dente de alho amassado
- 1 colher (sopa) de amido de milho ou fécula de araruta**

**1** Reserve 1 colher (sopa) do caldo de legumes em uma tigela pequena.

**2** Coloque o restante do caldo em uma panela e leve ao fogo até começar a ferver. Junte a pasta de curry, as raspas e o suco de limão, o gengibre, a manteiga de amendoim, o açúcar, o molho de soja e o alho. Mexa bem para não deixar grumos do curry ou da manteiga de amendoim.

**3** Misture o amido de milho com o caldo de legumes reservado, até obter uma pasta sem grumos. Espera pra ver: isso vai engrossar o molho aguado. Acrescente à panela e mexa com um batedor de arame por cerca de 1 minuto, até começar a engrossar. Desligue o fogo, prove e junte mais alho, suco de limão ou qualquer coisa que seu paladar pedir. Espere esfriar por alguns minutos antes de servir.

\* *Veja informações na pág. 186.*

\*\* *Qualquer um dos dois vai engrossar o molho pra caramba.*

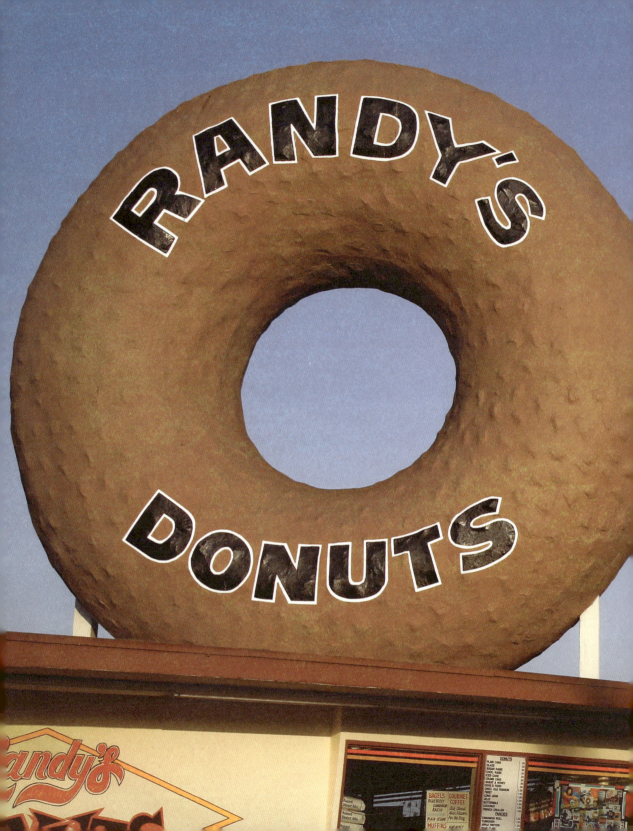

# papo doce

CONFEITARIA E
SOBREMESAS PRA ARRASAR

# PICOLÉS DE FUDGE DE CHOCOLATE

Dane-se o carrinho de sorvete, que a gente nunca sabe quando vai aparecer. Deixe estes picolés no freezer pra ter gostosuras por perto durante todo o verão.

**CERCA DE 3$\frac{1}{3}$ XÍCARAS, SUFICIENTES PARA 12 PICOLÉS NA FORMINHA CONVENCIONAL — MAS VARIA DE ACORDO COM A FÔRMA QUE VOCÊ USA**

1 xícara de leite de amêndoa com baunilha ou seu leite vegetal preferido
1¼ xícara de gotas de chocolate meio amargo
340 g de tofu firme*
12 palitos para picolé
forminhas para picolé ou 12 copos de papel pequenos

**1** Aqueça o leite no fogão ou no micro-ondas, sem deixar ficar muito quente. Agora você precisa derreter o chocolate. Dá para fazer isso aquecendo aos poucos no micro-ondas, mexendo em intervalos de 25 segundos, OU no banho-maria, como os profissionais. Encha uma panela média com 2,5 a 5 cm de água. Coloque uma tigela metálica por cima – deve fechar a boca da panela, mas não encostar na água. Leve ao fogo médio-baixo e despeje as gotas de chocolate na tigela. O vapor vai aquecer o metal e derreter o chocolate; basta mexer e confiar no método. Quando ficar homogêneo, desligue o fogo. Tudo isso deve levar cerca de 3 minutos.

**2** Quando o chocolate estiver derretido, coloque no liquidificador com o leite e o tofu. Bata até ficar bem homogêneo, sem pedacinhos de chocolate escondidos. Despeje nas forminhas e leve ao freezer por cerca de 40 minutos; depois desse tempo, tire e enfie os palitos. Congelar um pouco essas delícias antes de colocar os palitos impede que você empurre até o fim e que, em lugar de picolés, prepare espetinhos infelizes. Volte ao freezer até firmarem. Podem ser mantidos por até 1 mês no congelador.

*Do tipo que vem em embalagens herméticas. No supermercado, fica perto do molho de soja – e não embalado em água, na seção refrigerada.*

# TANGERINA COM CHOCOLATE

Sirva para as pessoas durante as festas de fim de ano e ninguém nem vai lembrar dos presentes.

**CERCA DE 30 UNIDADES, DEPENDENDO DO TAMANHO DAS FRUTAS**

5 ou 6 tangerinas, mexericas ou laranjas pequenas de qualquer tipo
½ xícara de gotas de chocolate meio amargo
1 colher (chá) de óleo de coco
½ colher (chá) de sal

**1** Descasque as frutas e separe os gomos. Procure tirar toda aquela membrana branca, porque tem sabor amargo. Coloque os gomos em uma assadeira forrada com papel antiaderente.

**2** Derreta o chocolate no banho-maria ou no micro-ondas (veja a pág. 210 para instruções). Junte o óleo de coco e misture até incorporar e ficar homogêneo. Desligue o fogo.

**3** Mergulhe metade de um gomo da fruta no chocolate derretido e disponha sobre a assadeira. Repita com os outros pedaços. Polvilhe o sal sobre as pontas com o chocolate para deslumbrar os convidados.

**4** Deixe a assadeira em um lugar fresco e espere o chocolate firmar antes de servir – vai de 15 a 45 minutos, dependendo da temperatura da sua casa. Se tiver pressa, leve à geladeira.

## O AÇÚCAR ESTÁ EM TODO LUGAR

É, você viu direito, o livro tem um capítulo de sobremesas. Geralmente, quem começa a se alimentar de maneira mais saudável exclui totalmente os doces da dieta – mas isso não se sustenta e você acaba devorando um pacote de balas de goma até arruinar o paladar. Não entre nessa. Ainda é possível consumir açúcar e comer sobremesa, só não faça isso todos os dias. Além disso, o açúcar não está presente apenas nos doces; essa bagaça aparece em todo lugar.

O Departamento de Agricultura dos Estados Unidos estima que, desde a década de 1950, o consumo de substâncias adoçantes aumentou 40% para cada americano. MALDIÇÃO. Isso não significa que, de repente, todo mundo resolveu aderir ao Clube do Bolo, mas que começamos a colocar açúcar em um monte de alimentos sem que seja necessário. Ao comprar cereais para o café da manhã, molhos para salada ou para massas, comida enlatada ou congelada e pães industrializados, você está mergulhando em açúcar. Essa é outra razão para você começar a preparar suas próprias refeições, porque não dá pra confiar nas prateleiras dos supermercados. Quando estiver apto a controlar a quantidade de açúcar que faz parte de sua dieta, não é preciso se sentir mal por comer um cookie ou um pedaço de torta de vez em quando. E nem me venha falar em refrigerantes. Aquela praga caríssima rica em frutose do demônio é uma perda de tempo para todo mundo. Beba água. Prepare sua própria comida. Aproveite a sobremesa uma vez ou outra. Você ficará surpreso com a diferença que faz controlar os ingredientes que entram na sua alimentação.

# DOCINHOS CROCANTES DE PAINÇO E MANTEIGA DE AMENDOIM

Esta saborosa guloseima do meio-oeste americano tem o formato parecido ao da castanha de uma árvore típica de Ohio. Basicamente, trata-se de um docinho de manteiga de amendoim em forma de bolinha. Não perca mais tempo tentando entender, apenas aproveite.

**CERCA DE 24 UNIDADES**

- ½ colher (chá) de óleo*
- ⅓ de xícara de painço cru**
- ⅔ de xícara de manteiga de amendoim cremosa***
- ¼ de xícara de açúcar de confeiteiro****
- 2 colheres (sopa) de farinha de trigo
- 1½ colher (chá) de extrato de baunilha
- 1 xícara de gotas de chocolate meio amargo
- 1 colher (chá) de óleo de coco, se necessário

*Azeite de oliva, óleo de coco, de semente de uva... quase qualquer coisa vai bem aqui.*

**Que diabos é isso? Veja a pág. 23.*

***Não compre nada que tenha mais do que três ingredientes, ok? Má notícia.*

****Sim, é sobremesa, pode relaxar.*

**1** Em uma frigideira em fogo médio, aqueça o óleo e junte o painço. Chacoalhe até começar a desprender um aroma tostado e ficar levemente dourado, por 3 a 5 minutos. Reserve.

**2** Forre uma assadeira com papel antiaderente. Em uma tigela média, misture a manteiga de amendoim, o açúcar, a farinha e a baunilha, até obter uma massa densa. Acrescente o painço e misture para incorporar. Forme bolinhas do tamanho de nozes e transfira para a assadeira. Deve haver cerca de 24. Pode lamber os dedos, a gente não conta pra ninguém. Leve os docinhos ao freezer por pelo menos 30 minutos e até 2 horas.

**3** Um pouco antes de tirar do congelador, derreta o chocolate. (Para técnicas fáceis, veja a pág. 210.) Quando ficar homogêneo, desligue o fogo. O processo inteiro deve levar 3 minutos.

**4** Com um garfo, e agindo de forma delicada, mergulhe uma bolinha no chocolate, cobrindo as laterais. Tradicionalmente, você precisa deixar um pedacinho da massa descoberta, mas se achar mais fácil simplesmente mergulhar tudo, não tem problema. Caso tenha dificuldade, misture o óleo de coco ao chocolate ainda quente, para diluir um pouco. Escorra o excesso de chocolate e coloque o docinho na assadeira. Repita com o restante das bolinhas. Leve ao freezer por pelo menos 3 horas antes de servir. Em um recipiente de fecho hermético, pode ser mantido por até 2 semanas na geladeira ou no congelador. Na boa, porém, você vai comer tudo antes disso.

ESTAS DELÍCIAS NÃO SÃO
BONITINHAS?

# SAGU COM PÊSSEGO E AMÊNDOA

Parece uma daquelas sobremesas superantiquadas, mas nossas avós não teriam perdido seus anos dourados comendo porcarias. É um prato cremoso e doce na medida certa. Agora vai lá chamar seus primos para fofocar sobre os vizinhos.

**4 PORÇÕES PARA PESSOAS NORMAIS**

**1** Coloque o sagu e a água em uma vasilha e deixe hidratar durante a noite. Também dá para fazer de manhã, mas precisa deixar de molho por pelo menos 6 horas (e não mais que 16 horas, porque aí fica uma porcaria).

**2** Quando estiver pronto para cozinhar, escorra o sagu. Coloque em uma panela média com o suco, o leite, o sal e a baunilha. Se o suco não for muito doce, junte o xarope de agave. Prove para saber se é necessário. Aqueça em fogo baixo, mexendo sempre. Não deve ferver, então preste atenção e não pare de mexer. Depois de cerca de 8 a 10 minutos, deve começar a engrossar e o sagu vai ficando transparente. Mexa até obter a consistência de uma sopa ou molho denso, por mais 1 minuto. Desligue o fogo e junte o suco de limão. Transfira para uma tigela média e leve à geladeira para esfriar.

**3** Espere 3 ou 4 horas antes de servir, porque o doce quente é horroroso. Se engrossar demais na geladeira, mexa muito bem para misturar e acrescente 1 colher (sopa) de suco de pêssego. Cubra com o mirtilo e sirva.

*\* Essas bolinhas são vendidas em embalagens plásticas na seção de confeitaria dos supermercados (ou procure na internet). São o amido que ajuda a engrossar a sobremesa, então nem pense em deixar de fora da receita.*

*\*\* Use qualquer tipo de suco que quiser, exceto os muito ácidos, como o de laranja. Suco de pêssego com maçã também vai bem.*

½ xícara de sagu (tapioca) em bolinhas pequenas\*
2 xícaras de água
3 xícaras de suco de pêssego\*\*
1 xícara de leite de amêndoa
uma pitada de sal
½ colher (chá) de extrato de baunilha
1 colher (sopa) de xarope de agave (opcional)
2 colheres (sopa) de suco de limão-siciliano
mirtilo, para servir

# SHORTCAKE COM MORANGO

Esta sobremesa virou um clássico americano porque É DELICIOSA DEMAIS. Os bolinhos pavorosos vendidos nas lojas não chegam nem perto do sabor verdadeiro.

**8 PORÇÕES**

**RECHEIO DE MORANGO**

450 g de morango
2 a 4 colheres (sopa) de açúcar

**SHORTCAKES**

1¼ xícara de farinha de trigo integral
1 xícara de farinha de trigo comum
1 colher (sopa) de fermento químico em pó
2 colheres (sopa) de açúcar
½ colher (chá) de sal
1 xícara de leite de coco
½ colher (chá) de extrato de baunilha

Chantili (pág. 220)*

**1** Prepare o recheio: pique os morangos do tamanho de botões e coloque em uma tigela. Se estiverem supermaduros e deliciosos, junte 2 colheres (sopa) de açúcar. Caso contrário, use as 4 colheres (sopa) e amaldiçoe a família do vendedor de frutas. Misture e deixe na geladeira enquanto prepara o restante da receita.

**2** Aqueça o forno a 220 °C. Forre uma assadeira com papel antiaderente.

**3** Para a massa do shortcake: peneire as farinhas, o fermento, o açúcar e o sal. Faça uma cavidade no centro e junte o leite de coco e a baunilha. Misture tudo até incorporar e obter uma massa grosseira. Se precisar de mais líquido, junte 1 ou 2 colheres (sopa) de leite de coco.

**4** Transfira a massa para uma superfície enfarinhada. Forme um retângulo de cerca de 20 x 12 cm e 3,5 cm de espessura. Não trabalhe muito a massa, ou ela ficará dura. SIMPLESMENTE NÃO FAÇA ISSO. Com um cortador de biscoito ou a boca de um copo, corte a maior quantidade de círculos que puder. O objetivo é obter 8 unidades. Coloque na assadeira e leve ao forno por 12 a 15 minutos, até a base dourar. Espere esfriar um pouco antes de cair de boca.

**5** Para montar os shortcakes, corte os biscoitos ao meio, como duas camadas de um bolo. Distribua o recheio de morango na base, junte uma colherada de chantili e cubra com a outra metade do biscoito. Acrescente outra camada de morango e creme por cima, se quiser, e sirva imediatamente.

*Dobre a receita se quiser servir todos os shortcakes ao mesmo tempo.*

# NÃO SEJA FOMINHA

## DISTRIBUA AMOR COM
### SHORTCAKE E MORANGOS

# CHANTILI

**CERCA DE 1½ XÍCARA**

1½ xícara de leite de coco integral caseiro bem gelado*
2 colheres (sopa) de açúcar de confeiteiro
½ colher (chá) de extrato de baunilha (opcional)

*\* Gele com 1 dia de antecedência, para garantir. Este não é um daqueles casos em que 30 minutos na geladeira resolvem. É preciso tempo para resfriar bem e para que a gordura se separe da água. Que saco, deixe o leite de coco dentro de potes tampados na geladeira e esteja sempre pronto para fazer este chantili.*

**1** Você precisa de uma batedeira ou de um mixer para fazer esta maravilha. Leve a tigela e os batedores ao freezer por 15 minutos, para ficarem bem gelados.

**2** Retire o leite de coco da geladeira sem balançar o pote. Abra, retire o creme denso que se forma na superfície e coloque na vasilha gelada. Separe a parte líquida para usar em um smoothie ou outra receita – você não precisa disso agora. Peneire o açúcar sobre o creme, para não haver grumos, e junte a baunilha.

**3** Agora bata em velocidade média-alta por 1 a 2 minutos até começar a ficar fofo como um... bem, um chantili mesmo. Sirva imediatamente. Ainda é bom por 1 ou 2 dias, mas, com o tempo, o creme deixa de ficar aerado.

VOCÊ TEM DIREITO A LAMBER O BATEDOR. SEJA RÁPIDO

# BOLO DE BANANA COM MAPLE E AVEIA

Esqueça aquelas porcarias de bolos que você costumava comer para se convencer de que era saudável. Este aqui é comida de verdade. Com um punhado de fibras e a doçura necessária, é uma receita que vai fazer você pedir mais.

**1 BOLO**

**1** Aqueça o forno a 180 °C. Unte e enfarinhe uma fôrma de bolo inglês, para a massa não grudar. Isso é fundamental, portanto NÃO pule este passo.

**2** Em uma tigela média, misture as farinhas, o fermento, a canela e o sal. Reserve.

**3** Em uma vasilha pequena, misture o leite e o vinagre. Em uma tigela grande, misture a banana, o maple syrup, o azeite e a baunilha. Junte o leite com vinagre e mexa para incorporar. Acrescente os ingredientes secos e misture bem, para não haver pontos secos na massa.

**4** Transfira para a fôrma (QUE VOCÊ JÁ PREPAROU, CERTO?) e polvilhe o açúcar. Serve apenas para deixar bonitinho, porque o bolo é muito vaidoso. Asse por 30 a 40 minutos, até ficar dourado e que um palito saia seco quando você enfiar no meio da massa. Tire da fôrma e deixe esfriar um pouco antes de servir.

*Pode parecer chique, mas você só precisa comprar aveia em flocos e bater no liquidificador ou no processador até parecer farinha. Pronto.*

**Não deixe pedaços grandes ou o bolo ficará com uns nacos bizarros de massa crua e úmida. Use cerca de 4 bananas.*

- 2 xícaras de farinha de aveia*
- 1 xícara de farinha de trigo integral
- 1¾ colher (chá) de fermento químico em pó
- ¾ de colher (chá) de canela em pó
- ½ colher (chá) de sal
- ¼ de xícara de leite de amêndoa ou outro leite vegetal
- ¼ de colher (chá) de vinagre de maçã
- 2 xícaras de banana amassada**
- ⅓ de xícara de maple syrup
- 3 colheres (sopa) de azeite de oliva
- 1 colher (chá) de extrato de baunilha
- 1 colher (sopa) de açúcar

# COOKIES DE BOLO DE CENOURA

São úmidos e lembram um pouco o bolo de cenoura — como o nome já diz, camarada. Bons para quando bate aquela vontade mas não dá pra fazer um bolo inteiro só para você.

**CERCA DE 20 UNIDADES**

1½ xícara de farinha de trigo (comum ou integral)
½ xícara de açúcar mascavo, bem apertado na xícara
1 colher (chá) de fermento químico em pó
½ colher (chá) de sal
½ colher (chá) de canela em pó
½ colher (chá) de gengibre em pó
1 xícara de cenoura ralada*
½ xícara de leite de amêndoa ou outro leite vegetal
¼ de xícara de azeite de oliva ou óleo de semente de uva
½ xícara de nozes picadas
½ xícara de uvas-passas ou gengibre cristalizado picado**

**1** Aqueça o forno a 190 °C. Forre uma assadeira com papel antiaderente.

**2** Em uma tigela grande, misture a farinha, o açúcar, o fermento, o sal, a canela e o gengibre em pó. Mexa bem para não deixar grumos de açúcar. Em uma vasilha menor, junte a cenoura, o leite e o azeite. Despeje os ingredientes líquidos sobre os secos e misture bem, para que haja apenas alguns pontos secos. Acrescente as nozes e as uvas-passas e misture novamente, sem deixar nenhum grumo.

**3** Distribua colheradas da massa sobre a assadeira, deixando cerca de 2,5 cm de espaço entre elas. Asse por 18 a 22 minutos, até que a base esteja dourada. Então faça o que quiser com os biscoitos recém-saídos do forno.

*Cerca de 2 cenouras médias passadas no ralador.*

**É opcional. Os cookies continuam maravilhosos sem isso.*

# COOKIES DE CHOCOLATE E AMÊNDOA

Parecidos com a receita clássica, mas sem aquela manteiga toda. Estas obras-primas amendoadas com chocolate vão muito bem com um copo de Chá Earl Grey (veja uma foto dos dois na pág. 164). Vai em frente, reserve um tempinho para os cookies. Você certamente fez algo hoje para merecê-los.

**CERCA DE 24 UNIDADES**

**1** Em uma vasilha média, peneire a farinha, o fermento, o bicarbonato e o sal.

**2** Na tigela grande da batedeira – ou apenas em uma vasilha grande –, bata a manteiga de amêndoa com os dois tipos de açúcar até ficar cremoso e fofo. Aos poucos, junte a linhaça, o leite e a baunilha, até obter uma massa líquida.

**3** Quando tudo estiver bem misturado, acrescente os ingredientes secos. Mexa até obter uma massa sem pontos secos. Junte as gotas de chocolate, cubra e leve à geladeira por pelo menos 1 hora e por até 2 dias.

**4** Quando quiser um pouco de cookies, aqueça o forno a 180 °C. Forre uma assadeira com papel antiaderente.

**5** Coloque uma colherada da massa sobre a assadeira e achate um pouco, para obter um círculo com cerca de 5 cm. Repita até acabar a massa. Leve ao forno por 15 a 18 minutos, até dourar por baixo. Tire do papel antiaderente e deixe esfriar sobre uma grade por pelo menos 10 minutos antes de servir.

*Se estiver gelada, ajuda a massa a ficar homogênea; coloque na geladeira. Também dá para usar manteiga de amendoim, mas o cookie terá um sabor totalmente diferente – fique ligado.*

**Depende do quanto você gosta de chocolate nos cookies. Sua escolha.*

- 1½ xícara de farinha de trigo integral
- ½ colher (chá) de fermento químico em pó
- ½ colher (chá) de bicarbonato de sódio
- ½ colher (chá) de sal
- ⅔ de xícara de manteiga de amêndoa gelada*
- ⅓ de xícara de açúcar mascavo
- ⅓ de xícara de açúcar refinado
- 2 colheres (sopa) de linhaça moída
- ¾ de xícara de leite de amêndoa
- 1½ colher (chá) de extrato de baunilha
- ½ a ⅔ de xícara de gotas de chocolate meio amargo**

OS MELHORES
COMPANHEIROS
**PARA UMA
VIAGEM**
DE CARRO MANEIRA

# SCONES DE MIRTILO, NOZES E LAVANDA

Scones são os filhos bastardos dos biscoitos com os muffins. A aparência não é lá essas coisas, mas o sabor é divino.

---

**CERCA DE 12 UNIDADES. MELHOR SERVIR NO PRÓPRIO DIA.**

**1** Aqueça o forno a 220 °C. Forre uma assadeira com papel antiaderente ou papel-alumínio.

**2** Em uma tigela grande, misture a farinha, o fermento, os dois tipos de açúcar e o sal. Junte o óleo e, com as mãos, mexa para obter uma farofa fina, sem grumos. Acrescente a belezura da lavanda.

**3** Faça uma cavidade no centro e adicione o leite e a baunilha. Misture quase até incorporar tudo – pare um pouco antes. Acrescente o mirtilo e as nozes, sem mexer demais.

**4** Distribua sobre a assadeira porções da massa equivalentes a ½ xícara. Pincele com leite de amêndoa e polvilhe açúcar refinado. Leve ao forno por 12 a 15 minutos, até dourar em torno da base.

*\* Não consegue encontrar? Nada de sair vasculhando pela cidade. Deixe de fora e acrescente mais ½ colher (chá) de extrato de baunilha. A gente só queria te dar uma chance para ser superelegante.*

- 2¾ xícaras de farinha de trigo integral
- 1 colher (sopa) de fermento químico em pó
- 3 colheres (sopa) de açúcar refinado, mais um pouco para polvilhar
- 2 colheres (sopa) de açúcar mascavo
- ¼ de colher (chá) de sal
- ¼ de xícara de óleo de coco
- 2 colheres (chá) de lavanda desidratada*
- 1¼ xícara de leite de amêndoa, mais um pouco para pincelar
- 1 colher (chá) de extrato de baunilha
- ¾ de xícara de mirtilo fresco ou congelado
- ½ xícara de nozes picadas

# MUFFINS DE CENOURA E MAÇÃ

Estes bolinhos não estão para brincadeira: a receita leva uma fruta e um legume — olha só, já entra na contagem da sua quantidade diária recomendada — e você ainda pode levar se precisar terminar correndo o café da manhã.

**12 UNIDADES EM TAMANHO PADRÃO**

2¼ xícaras de farinha de trigo integral
½ xícara de açúcar
1 colher (sopa) de fermento químico em pó
1½ colher (chá) de canela em pó
½ colher (chá) de sal
1¼ xícara de leite de amêndoa ou outro leite vegetal
1½ xícara de cenoura ralada*
⅓ de xícara de maçã ralada**
¼ de xícara de azeite de oliva ou óleo de semente de uva
1 colher (sopa) de suco de limão-siciliano
1 colher (chá) de extrato de baunilha
½ xícara de nozes ou amêndoas picadas (opcional pra caramba)

**1** Aqueça o forno a 190 °C. Unte ou forre com forminhas uma fôrma para muffins.

**2** Em uma tigela grande, misture a farinha, o açúcar, o fermento, a canela e o sal. Em outra vasilha, menor, combine o leite, a cenoura, a maçã, o azeite, o suco de limão e a baunilha. Está vendo algum pedação de cenoura grudado? Continue mexendo.

**3** Despeje a mistura líquida nos ingredientes secos e mexa só até combinar. Se mexer demais, os muffins ficarão duros e deprimentes. Não vá estragar a receita depois de ralar tudo aquilo. Junte as nozes, se quiser.

**4** Transfira a massa para a fôrma de muffin e leve ao forno por 18 a 20 minutos, até que um palito de dentes enfiado no meio dos muffins saia limpo. Tire das fôrmas e deixe esfriar por pelo menos 15 minutos antes de servir.

*Cerca de 3 cenouras médias.*

**Cerca de 1 maçã pequena. Use o tipo que você costuma comer.*

# MUFFINS DE BANANA, NOZES E MANTEIGA DE AMENDOIM

É o Elvis dos muffins. Faça uma reverência ao Rei e louve o ótimo gosto que ele tinha.

**12 UNIDADES EM TAMANHO PADRÃO**

**1** Aqueça o forno a 190 °C. Pegue a fôrma de muffin e unte ou forre com forminhas próprias.

**2** Em uma tigela grande, combine a farinha, o fermento e o sal. Reserve.

**3** Em uma vasilha menor, misture a manteiga de amendoim e o açúcar, até ficar cremoso. Junte o leite, a banana e a baunilha, até incorporar.

**4** Acrescente os ingredientes secos e misture apenas para combinar. Não mexa demais, ou os muffins ficarão duros. E de que adianta gastar toda essa manteiga de amendoim só pra arruinar os bolinhos depois? Se quiser, junte as nozes.

**5** Transfira a massa para as forminhas. Rende um monte de massa, então encha até o topo para obter muffins bacanas e crescidos, como os da confeitaria. Leve ao forno por 18 a 22 minutos, até que um palito de dentes enfiado no meio dos muffins saia limpo. Tire das fôrmas e deixe esfriar por pelo menos 15 minutos antes de servir.

*Geralmente, 3 bananas de tamanho normal.*

**\*\*** *Você pode substituir as nozes por ½ xícara de gotas de chocolate se quiser acabar com qualquer ilusão de que não está comendo sobremesa.*

- 2 xícaras de farinha de trigo integral
- 1 colher (sopa) de fermento químico em pó
- ½ colher (chá) de sal
- ½ xícara de manteiga de amendoim cremosa
- ½ xícara de açúcar mascavo claro, bem apertado
- ¾ de xícara de leite de amêndoa ou outro leite vegetal
- 1½ xícara de banana madura amassada\*
- 1 colher (chá) de extrato de baunilha
- ½ xícara de nozes ou amendoins picados\*\*

# BOLO DE FUBÁ com COCO

Esta sobremesa doce e amanteigada é o casamento perfeito entre o fubá e o pão de ló. Tão perfeita que até emociona. Sirva de forma simples, com um pouco de frutas frescas e Chantili (pág. 220). Deixe a cobertura para alguma receita que tenha dado errado.

**8 PORÇÕES**

1¼ xícara de fubá*
¾ de xícara de farinha de trigo integral ou comum
¾ de xícara de açúcar
2 colheres (chá) de fermento químico em pó
½ colher (chá) de sal
1½ xícara de leite de coco
1 colher (chá) de extrato de baunilha
½ colher (chá) de raspas de limão-siciliano

**1** Em primeiro lugar, aqueça o forno a 190 °C. Unte e enfarinhe uma fôrma redonda de 20 cm, para a massa não grudar. Se você ainda tem medo de que isso aconteça, corte um círculo de papel antiaderente do mesmo tamanho da fôrma e forre o fundo, para ter certeza absoluta de que o bolo vai sair inteiro. Vai na manha que dá certo.

**2** Em uma tigela grande, combine o fubá, a farinha, o açúcar, o fermento e o sal. Faça uma cavidade no centro e acrescente o leite de coco, a baunilha e as raspas de limão. Misture tudo até ficar sem bolhas e com poucos grumos.

**3** Transfira a massa para a fôrma – que já está preparada, porque você seguiu a porra da receita, certo? Deixe alguém lamber a colher e a tigela porque 1) a massa é supersaborosa e 2) agora a pessoa vai ficar te devendo um favor. Cobre da próxima vez em que você for se mudar de casa. De nada, ok?

**4** Asse por 30 a 40 minutos, até que um palito de dentes enfiado no meio do bolo saia limpo. Espere 15 minutos e desenforme sobre uma grade, para terminar de esfriar.

**5** Sirva frio ou em temperatura ambiente.

*Do tipo fino, que entra em receitas de broa – não o mais grosso, usado para farofa. Sacou?*

# TORTA DE BANANA COM CREME

Pode não ser a torta mais bonita do mundo, mas é uma receita que sempre resolve quando bate aquela larica de comer alguma coisa doce.

8 PORÇÕES

**MASSA**
1½ xícara de farinha*
1 colher (sopa) de açúcar
½ colher (chá) de sal
¼ de colher (chá) de fermento químico em pó
¼ de xícara de óleo de coco refinado**
2 colheres (sopa) de azeite de oliva ou óleo de semente de uva
2 a 3 colheres (sopa) de leite de amêndoa

**CREME DE BAUNILHA**
¼ de xícara de amido de milho ou fécula de araruta
¼ de xícara de açúcar
uma pitada de sal
380 ml de leite de coco
1 xícara de leite de amêndoa ou outro leite vegetal
1½ colher (chá) de extrato de baunilha

3 bananas grandes e maduras
Chantili (pág. 220)

**1** Para a massa: aqueça o forno a 180 °C. Pegue uma fôrma convencional para tortas.

**2** Em uma tigela média, misture a farinha, o açúcar, o sal e o fermento. Com os dedos, incorpore o óleo de coco aos ingredientes secos, esfarelando com a ponta dos dedos até obter uma farofa com a consistência da areia grossa dos playgrounds vagabundos. Também é possível passar tudo pelo processador para obter a mesma textura; transfira para uma vasilha.

**3** Acrescente o azeite e 2 colheres (sopa) do leite; misture com um garfo até obter uma farofa grossa. Se ainda parecer seco, junte mais 1 colher (sopa) de leite. Pressione a massa na fôrma de maneira homogênea e subindo pelas laterais. Você sabe como deve ficar. (Neste momento, é possível enfiar tudo na geladeira para assar mais tarde ou continuar com a receita. Você é quem sabe.)

**4** Forre a base da torta com papel-alumínio e encha de feijões secos – alguns que você não queira comer. Os grãos ajudam a massa a manter o formato enquanto assa. Acredite no método. Leve ao forno por 12 minutos, retire e remova os feijões e o papel. Asse por mais 12 a 15 minutos, até o fundo parecer cozido e as beiradas ficarem douradas. Deixe esfriar enquanto prepara o recheio.

**5** Para o recheio: em uma panela média, misture o amido, o açúcar e o sal. Aos poucos, acrescente ⅓ de xícara de leite de coco, mexendo para desfazer os grumos. Quando todo o amido estiver dissolvido, junte o leite de coco restante, o leite de amêndoa e a baunilha.

*Pode usar integral branca ou uma combinação das duas. Qualquer coisa funciona.*

**Não use óleo muito líquido e derretido. Deve estar leitoso e ter a consistência semelhante à da manteiga em temperatura ambiente. Se sua cozinha estiver quente, coloque na geladeira por 1 ou 2 minutos para esfriar.*

**6** Leve ao fogo médio-alto, sem parar de mexer, por cerca de 5 minutos, até ferver e começar a engrossar – como se fosse um molho denso. Diminua o fogo para médio-baixo e pegue uma espátula. Mantenha o creme apenas borbulhando e raspe o fundo e os lados da panela para evitar que se forme uma película na superfície – isso é nojento. Cozinhe por 7 a 10 minutos, ou até que você desenhe uma risca na superfície e o creme mantenha a forma por alguns segundos. Bizarro, mas garantido.

**7** A massa da torta já deve estar fria. Corte as bananas em rodelas de, no máximo, 1 cm. Forre com as fatias, preenchendo todo o espaço. Até nas bordas, BANANA EM TODO LUGAR. Agora despeje o creme morno sobre as frutas. Cubra e leve à geladeira por pelo menos 3 horas.

**8** Quando o creme estiver frio e firme, espalhe uma porção de chantili por cima e sirva. Melhor consumir em até 3 dias, porque não dá pra confiar que as bananas estejam boas depois disso.

CUIDADO PARA NÃO ESCORREGAR

# valeu!

**MD:** Agradeço à minha família por não me levar ao médico quando eu disse que tinha viralizado; a VJ e Rebecca, que estão constantemente prontos para encarar uma batalha na cozinha; a Nick, que sempre exagera nos bufês e diante de uma receita nova; a Mike, que me apoiou desde o início; a Seth e Amber, que me incentivam a sonhar mais alto; a Alex, por toda a sua confiança; e a Jade, porque sei que ela gosta de uma boa história de vida. Também agradeço a todos os camaradas com quem trabalhei nos mercados de San Diego e L.A. Vocês experimentaram minha comida, me fizeram dar risada e impediram que eu enlouquecesse. Se não fossem vocês, eu teria deixado queimar tudo. E, por fim, à internet. Vocês é que criaram isso, eu apenas ajudei.

**MH:** Agradeço à minha família por todas as refeições que compartilhamos, não importa se boas, ruins ou feias; a Baltasar, que me apoiou e compreendeu meu trabalho paralelo; a DeVoll, por me ensinar que a educação não termina quando saímos da escola; a Jen, por sempre querer dar um tempo para conversar sobre comida; a Brian e Patrick, pelas risadas na madrugada; a Amir e Channing, por todo aquele papo cabeça; aos Harrisons, porque sempre me deixaram ficar para o jantar; e a Phoenix, a pessoa mais incrível que conheço, pela inspiração infinita. Todos vocês me fizeram sorrir e mantiveram minha sanidade ao longo de todo o processo. Por fim, à internet, a melhor coisa que já surgiu desde o pão de fôrma. Isso não seria possível sem o amor e o apoio de um montão de desconhecidos.

E, claro, nada disso seria possível sem o pessoal da Rodale — Alex, Kara, Mary Ann, Kristin, Yelena, Aly, Brent e Nancy; Lauren, Richard e Kim, da Inkwell, e Sally, do Stroock. Também agradecemos a Scott Horne, Richard Villalobos e ao sr. Nick Wagner. Obrigado pelo carinho e pelo apoio a dois desconhecidos que criaram um blog.

# ÍNDICE

Referências sublinhadas indicam informações complementares. Em **negrito**, referem-se a fotografias. Malditos detalhes.

## A

abacate
    Guacamole de abacaxi, 155
    Sanduba de grão-de-bico e amêndoa defumada, **80**, 81
abacaxi
    Guacamole de abacaxi, 155
abóbora
    Chili de abóbora, 125
abobrinha
    Chips assados de abobrinha, **138**, 142
    Espaguete com molho aveludado de pimentão vermelho, abobrinha e manjericão, 188
    Enchiladas de batata-doce, abobrinha e feijão-preto, 183-4, **185**
    Sopa de abobrinha para esquentar, 122
acelga chinesa (bok choy)
    Cumbuca de primavera com molho de limão e curry vermelho, **204**, 205-6
alecrim
    Homus de feijão-branco e alecrim, 137, **138-9**
alface
    como base para saladas, 62, **63**
    Rolinhos tailandeses com gengibre e cogumelo, 84, **85**, 86
    Salada Caesar com amêndoa e croûtons caseiros, **66**, 67
    Salada vietnamita com noodle de arroz, 78, **79**
    Wraps de alface, ervilha seca e cebolinha, 106, **107**
alho, como assar, 68, **68**
alho-poró
    Sopa de batata e alho-poró, 124
alimentos à base de soja. *Veja também* tempeh; tofu
    benefícios para a saúde, 82
alimentos orgânicos, termos que identificam, 187
alimentos processados, problemas dos, 11-2
amêndoa

Orchata cremosa, 166, **167**
Salada Caesar com amêndoa e croûtons caseiros, **66**, 67
Sanduba de grão-de-bico e amêndoa defumada, **80**, 81
arroz integral
    Arroz de coco e limão com feijão-roxinho e manga, **100**, 101
    Arroz de forno espanhol, 109
    arroz integral básico, 24
    Arroz salteado com batata-doce e especiarias, 96, **97**
    Cumbuca de arroz integral com edamame e molho tamari com cebolinha, 39
    grãos curtos vs. grãos longos, 24
    ingredientes básicos, 18
    Orchata cremosa, 166, **167**
aspargo
    Cumbuca de primavera com molho de limão e curry vermelho, **204**, 205-6
aveia
    Barrinha de café da manhã para viagem, 44
    Bolo de banana com maple e aveia, 221
    Granola básica com maple syrup e algumas outras ideias, 34
    Mingau de aveia com quinoa, 31
    Panqueca de aveia com calda de mirtilo, 48-9

## B

banana
    Bolo de banana com maple e aveia, 221
    Muffins de banana, nozes e manteiga de amendoim, 227
    Panqueca integral de banana, 41
    Smoothie salada de frutas, 56, **57**
    Torta de banana com creme, 230-1
banana-da-terra
    Chips picantes de banana-da-terra, **139**, 143

barrinhas
    Barrinha de café da manhã para viagem, 44
batata
    Arroz salteado com batata-doce e especiarias, 96, **97**
    Enchiladas de batata-doce, abobrinha e feijão-preto, 183-4, **185**
    Feijão-fradinho defumado com batata-doce assada e verduras, 92-3
    Mexidinho assado de quiabo e batata, 54
    Repolho e batata braseados, 76
    Salada de batata assada com ervas frescas, 73
    Sopa de abobrinha para esquentar, 122
    Sopa de batata e alho-poró, 124
    Sopa de lentilha vermelha com limão, 113
batata-doce
    Arroz salteado com batata-doce e especiarias, 96, **97**
    Enchiladas de batata-doce, abobrinha e feijão-preto, 183-4, **185**
    Feijão-fradinho defumado com batata-doce assada e verduras, 92-3
bebidas
    Chá Earl Grey gelado com leite, **164**, 165
    Chá gelado de pêssego e hortelã, 159
    Orchata cremosa, 166, **167**
    Refresco de melancia e hibisco, **160**, 161
    Refresco efervescente de gengibre e limão, 162, **163**
berinjela
    Berinjela grelhada com sobá, 88, **89**
beterraba
    Salada de quinoa e beterraba assada, 77
bolos
    Bolo de fubá com coco, 228, **229**

234 | Índice

Shortcake com morango, 218, **219**, 220
bolos rápidos. *Veja também* muffins; scones
    Bolo de banana com maple e aveia, 221
brócolis
    Burritos de brócolis e grão-de-bico tostado, **192**, 192-3
    Pad Thai de legumes com tofu frito sem óleo, **180**, 181-2, **182**
    Pilaf de painço e brócolis assado, 71
burritos
    Burritos de brócolis e grão-de-bico tostado, **192**, 192-3
    Burritos de feijão barbecue com salsa de pêssego grelhado, 200, **201**

## C

café da manhã
    Barrinha de café da manhã para viagem, 44
    benefícios dos smoothies para a saúde, 30
    benefícios para a saúde, 30
    Canjiquinha de maple e frutas vermelhas, 52, **53**
    Chilaquiles de tofu e legumes, 32, **33**
    Couve matinal, 35, **47**
    Cumbuca de arroz integral com edamame e molho tamari com cebolinha, 39
    Granola básica com maple syrup e algumas outras ideias, 34
    Mexidinho assado de quiabo e batata, 54
    Mingau de aveia com quinoa, 31
    mistura caseira para panquecas, 40
    Pãezinhos com recheio de lentilha, 46, **47**
    Pãezinhos integrais, 45
    Panqueca de aveia com calda de mirtilo, 48-9
    Panqueca integral de banana, 41
    Rabanada com sementes, **50**, 51
    Smoothie salada de frutas, 56, **57**
    smoothies de hortaliças, 55
    Tacos com mexido de tofu, 36, **37**
    Waffles de milho com calda de morango, **42**, 43
caldo de legumes
    feito com sobras, 114, **115**
    ingredientes básicos, 18
canjiquinha
    Canjiquinha de maple e frutas vermelhas, 52, **53**

carne, consumo excessivo de, 27
cebola. *Veja também* cebolinha
    Picles rápidos de pepino e cebola, 148
cebolinha
    Cumbuca de arroz integral com edamame e molho tamari com cebolinha, 39
    Wraps de alface, ervilha seca e cebolinha, 106, **107**
cenoura
    Cookies de bolo de cenoura, 222
    Molho de cenoura assada e cominho, 64, **64**, 65
    Muffins de cenoura e maçã, 226
    Noodles cítricos com pepino e cenoura, 103
    Picles picantes de cenoura, **146**, 147
    Sanduíche de tempeh e cenoura, 83
    Tacos de lentilha com salada de cenoura e jicama, 172, **173**
cereais, receitas básicas com, 22-4
cerveja
    Tacos de couve-flor assada com cerveja e limão e salada de coentro, 194, **195**, 196
cevada
    para cozinhar, 23
    Pimentão com recheio de cevadinha, 87
    vs. cevadinha, 23
chá
    Chá Earl Grey gelado com leite, **164**, 165
    Chá gelado de pêssego e hortelã, 159
    Refresco de melancia e hibisco, **160**, 161
chá de hibisco
    Refresco de melancia e hibisco, **160**, 161
chá preto
    Chá Earl Grey gelado com leite, **164**, 165
Chantili, 220, **220**
chilaquiles
    Chilaquiles de tofu e legumes, 32, **33**
chili
    Chili de abóbora, 125
    Pozole rojo, 118, **119**
chips
    Chips assados de abobrinha, **138**, 142
    Chips picantes de banana-da-terra, **139**, 143
chocolate. *Veja também* sobremesas
    Cookies de chocolate e amêndoa, **164**, 223
    Picolés de fudge de chocolate, 210, **211**
    Tangerina com chocolate, 212
chowder
    Chowder de milho-verde e manjericão, 123

coberturas, salada, 63
coentro
    Pasta de feijão-preto e coentro, **138**, 141
    Salada rápida de limão e coentro, 196
    Tacos de couve-flor assada com cerveja e limão e salada de coentro, 194, **195**, 196
cogumelo
    Lasanha de cogumelo e espinafre, 178, **179**
    Rolinhos tailandeses com gengibre e cogumelo, 84, **85**, 86
cole slaw. *Veja* slaw
comida caseira, obstáculos para o preparo da, 9
comida congelada, 11
comida de conveniência, 9
cominho
    Molho de cenoura assada e cominho, 64, **64**, 65
    Pasta de feijão-carioquinha e cominho, 136, **138-9**
confeitaria. *Veja* sobremesas
consumo de açúcar, 213
consumo de calorias, aumento, 12
cookies
    Cookies de bolo de cenoura, 222
    Cookies de chocolate e amêndoa, **164**, 223
couve
    como base para salada, 62
    Couve matinal, 35, **47**
    Minestrone contra o frio, **120**, 121
    Noodles com tempeh, molho de amendoim e couve, 197
    Salada de quinoa e beterraba assada, 77
    smoothies de hortaliças, 55
    Sopa de casamento de almôndegas de feijão com couve, 131-2, **132**
    Sopa de grão-de-bico com massa fresca, **128**, 129-30, **130**
    Verduras refogadas, 108
couve-flor
    Fettuccine com creme de couve-flor e ervas frescas, 191
    Petisco picante de couve-flor assada com molho de amendoim, 156, **157**
    Tacos de couve-flor assada com cerveja e limão e salada de coentro, 194, **195**, 196
cozidos. *Veja* sopas e cozidos
croûtons
    Salada Caesar com amêndoa e croûtons caseiros, **66**, 67

cumbuca
    como montar, 202-3, **203**
    Cumbuca de arroz integral com edamame e molho tamari com cebolinha, 39
    Cumbuca de primavera com molho de limão e curry vermelho, **204**, 205-6

curry. *Veja* pasta de curry vermelho

cuscuz marroquino
    Cuscuz marroquino picante, 70, **70**
    para cozinhar, 23

# D

docinhos. *Veja também* sobremesas
    Docinhos crocantes de painço e manteiga de amendoim, 214, **215**

doenças cardíacas, 12, 30

drinques. *Veja* bebidas

# E

edamame
    Cumbuca de arroz integral com edamame e molho tamari com cebolinha, 39

embalagens, para entender as, 187

enchiladas
    Enchiladas de batata-doce, abobrinha e feijão-preto, 183-4, **185**

ervas. *Veja também ervas específicas*
    desidratadas *vs.* frescas, 86
    Fettuccine com creme de couve-flor e ervas frescas, 191
    ingredientes básicos, 18
    Pipoca de panela com ervas, 144, **145**
    Salada de batata assada com ervas frescas, 73
    Salsa adocicada de ervas frescas, 152

ervilha seca
    Wraps de alface, ervilha seca e cebolinha, 106, **107**

especiarias, ingredientes básicos, 18.
    *Veja também especiarias específicas*

espinafre
    Chilaquiles de tofu e legumes, 32, **33**
    Lasanha de cogumelo e espinafre, 178, **179**
    Smoothie salada de frutas, 56, **57**
    smoothies de hortaliças, 55

# F

farinha de milho; fubá
    Bolo de fubá com coco, 228, **229**
    Waffles de milho com calda de morango, **42**, 43

fast-food, 11

fermento, levedura nutricional, 38

flautas
    Flautas assadas de milho e pimenta verde, 90, **91**

frutas vermelhas. *Veja também* mirtilo; morango
    Canjiquinha de maple e frutas vermelhas, 52, **53**

frutas. *Veja também frutas específicas*
    benefícios para a saúde, 12
    Smoothie salada de frutas, 56, **57**
    smoothies de hortaliças, 55

fumaça líquida, 38

# G

gengibre
    marinada de gengibre e gergelim, 105
    Refresco efervescente de gengibre e limão, 162, **163**
    Rolinhos tailandeses com gengibre e cogumelo, 84, **85**, 86
    Sopa de legumes e noodles com caldo de gengibre e missô, **116**, 117

granola
    Granola básica com maple syrup e algumas outras ideias, 34

grão-de-bico
    Burritos de brócolis e grão-de-bico tostado, **192**, 192-3
    Sanduba de grão-de-bico e amêndoa defumada, **80**, 81
    Sopa de grão-de-bico com massa fresca, **128**, 129-30, **130**
    Wraps de grão-de-bico picante com molho de tahine, 60, **61**

guacamole
    Guacamole de abacaxi, 155

# H

habilidade com facas, 74, **74**

hambúrguer
    Hambúrguer de feijão-branco e lentilha vermelha, 198, **199**

homus
    Homus de feijão-branco e alecrim, 137, **138-9**

hortaliças. *Veja também hortaliças específicas*; picles de legumes
    benefícios para a saúde, 12
    Cumbuca de primavera com molho de limão e curry vermelho, **204**, 205-6
    Chilaquiles de tofu e legumes, 32, **33**
    consumo insuficiente, 10

em saladas, 62-3
ingredientes básicos, 18
Pad Thai de legumes com tofu frito sem óleo, **180**, 181-2, **182**
Sopa de legumes e noodles com caldo de gengibre e missô, **116**, 117

hortelã
    Chá gelado de pêssego e hortelã, 159
    Quinoa com limão e hortelã, 72

# I

ingredientes
    básicos, 18, 19, **20-1**
    estranhos, 38
    medidas, 14, 14-5
    que não são apreciados, como evitar, 16
    substituições, 15-6

# J

jicama
    Tacos de lentilha com salada de cenoura e jicama, 172, **173**

# L

lasanha
    Lasanha de cogumelo e espinafre, 178, **179**

lavanda
    Scones de mirtilo, nozes e lavanda, **224**, 225

leguminosas
    Chili de abóbora, 125
    feijão-branco
        Feijão assado com maçã, 95
        Hambúrguer de feijão-branco e lentilha vermelha, 198, **199**
        Homus de feijão-branco e alecrim, 137, **138-9**
        Sopa de casamento de almôndegas de feijão com couve, 131-2, **132**
    feijão-carioquinha
        Burritos de feijão barbecue com salsa de pêssego grelhado, 200, **201**
        Pasta de feijão-carioquinha e cominho, 136, **138-9**
    feijão-fradinho
        Feijão-fradinho defumado com batata-doce assada e verduras, 92-3
        Petisco de milho-verde e feijão-fradinho, **139**, 140

feijão-preto
    Enchiladas de batata-doce, abobrinha e feijão-preto, 183-4, **185**
    Pasta de feijão-preto e coentro, **138**, 141
    Sanduba de feijão-preto com maionese picante de coco, **170**, 170-1
feijão-roxinho
    Arroz de coco e limão com feijão-roxinho e manga, **100**, 101
grão-de-bico
    Burritos de brócolis e grão-de-bico tostado, **192**, 192-3
    Sanduba de grão-de-bico e amêndoa defumada, **80**, 81
    Sopa de grão-de-bico com massa fresca, **128**, 129-30, **130**
    Wraps de grão-de-bico picante com molho de tahine, 60, **61**
    tipos de, ingredientes básicos, 18
    receita básica, 19, 22
    tempo de cozimento, 22
leite de amêndoa
    Canjiquinha de maple e frutas vermelhas, 52, **53**
    Chá Earl Grey gelado com leite, **164**, 165
    Panqueca de aveia com calda de mirtilo, 48
    Sagu com pêssego e amêndoa, **216**, 217
    Waffles de milho com calda de morango, **42**, 43
leite de coco
    Arroz de coco e limão com feijão-roxinho e manga, **100**, 101
    Bolo de fubá com coco, 228, **229**
    Chantili, 220, **220**
    Curry de manga, 186
    light, 102
    Sanduba de feijão-preto com maionese picante de coco, **170**, 170-1
    Shortcake com morango, 218, **219**, 220
    Torta de banana com creme, 230-1
lentilha
    Hambúrguer de feijão-branco e lentilha vermelha, 198, **199**
    Pãezinhos com recheio de lentilha, 46, **47**
    Sopa de lentilha vermelha com limão, 113
    Tacos de lentilha com salada de cenoura e jicama, 172, **173**
levedura nutricional, 38
limão-siciliano
    Quinoa com limão e hortelã, 72

Sopa de lentilha vermelha com limão, 113
limão-taiti
    Arroz de coco e limão com feijão-roxinho e manga, **100**, 101
    Cumbuca de primavera com molho de limão e curry vermelho, **204**, 205-6
    Refresco efervescente de gengibre e limão, 162, **163**
    Salada rápida de limão e coentro, 196
    Tacos de couve-flor assada com cerveja e limão e salada de coentro, 194, **195**, 196

# M

maçã
    Feijão assado com maçã, 95
    Muffins de cenoura e maçã, 226
maionese
    Sanduba de feijão-preto com maionese picante de coco, **170**, 170-1
manga
    Arroz de coco e limão com feijão-roxinho e manga, **100**, 101
    como cortar, 102
    Curry de manga, 186
manjericão
    Chowder de milho-verde e manjericão, 123
    Espaguete com molho aveludado de pimentão vermelho, abobrinha e manjericão, 188
    Lasanha de cogumelo e espinafre, 178, **179**
    Salsa adocicada de ervas frescas, 152
manteiga de amêndoa. *Veja também* manteiga de amendoim
    Cookies de chocolate e amêndoa, **164**, 223
manteiga de amendoim
    Cole slaw cremosa com amendoim, **98**, 99
    Docinhos crocantes de painço e manteiga de amendoim, 214, **215**
    Muffins de banana, nozes e manteiga de amendoim, 227
    Noodles com tempeh, molho de amendoim e couve, 197
    Petisco picante de couve-flor assada com molho de amendoim, 156, **157**
maple syrup
    Berinjela grelhada com sobá, **88**, 89
    Bolo de banana com maple e aveia, 221
    Canjiquinha de maple e frutas vermelhas, 52, **53**

Chá Earl Grey gelado com leite, **164**, 165
Chá gelado de pêssego e hortelã, 159
Couve matinal, 35, **47**
Granola básica com maple syrup e algumas outras ideias, 34
marinada defumada de maple, 105
Noodles com tempeh, molho de amendoim e couve, 197
Orchata cremosa, 166, **167**
Petisco picante de couve-flor assada com molho de amendoim, 156, **157**
Pozole rojo, 118, **119**
Refresco de melancia e hibisco, **160**, 161
Refresco efervescente de gengibre e limão, 162, **163**
Sagu com pêssego e amêndoa, **216**, 217
Sanduba de grão-de-bico e amêndoa defumada, **80**, 81
Sanduíche de tempeh e cenoura, 83
Wraps de alface, ervilha seca e cebolinha, 106, **107**
marinadas para tofu, 105
massa fresca
    Sopa de grão-de-bico com massa fresca, **128**, 129-30, **130**
massas. *Veja também* noodles
    Espaguete com molho aveludado de pimentão vermelho, abobrinha e manjericão, 188
    Fettuccine com creme de couve-flor e ervas frescas, 191
    Lasanha de cogumelo e espinafre, 178, **179**
    tipos de, ingredientes básicos, 18
    Ravióli cremoso com molho marinara caseiro, 175-7, **177**
medindo ingredientes, 14-5
melancia
    Refresco de melancia e hibisco, **160**, 161
milho
    Chowder de milho-verde e manjericão, 123
    Flautas assadas de milho e pimenta verde, 90, **91**
    Petisco de milho-verde e feijão-fradinho, **139**, 140
minestrone. *Veja também* sopas e cozidos
    Minestrone contra o frio, **120**, 121
minirrefeições. *Veja também* saladas; sanduíches
    Arroz de coco e limão com feijão-roxinho e manga, **100**, 101
    Arroz de forno espanhol, 109
    Arroz salteado com batata-doce e especiarias, 96, **97**

Berinjela grelhada com sobá, **88**, 89
Cuscuz marroquino picante, 70, **70**
Feijão assado com maçã, 95
Feijão-fradinho defumado com batata-doce assada e verduras, 92-3
Flautas assadas de milho e pimenta verde, 90, **91**
Noodles cítricos com pepino e cenoura, 103
Pilaf de painço e brócolis assado, 71
Pimentão com recheio de cevadinha, 87
Quinoa com limão e hortelã, 72
Repolho e batata braseados, 76
Rolinhos tailandeses com gengibre e cogumelo, 84, **85**, 86
Verduras refogadas, 108
Wraps de alface, ervilha seca e cebolinha, 106, **107**
mirtilo
    calda de mirtilo, 49
    Panqueca de aveia com calda de mirtilo, 48-9
    Scones de mirtilo, nozes e lavanda, **224**, 225
    Smoothie salada de frutas, 56, **57**
missô, 116
    Sopa de legumes e noodles com caldo de gengibre e missô, **116**, 117
mistura de 5 especiarias chinesas
    Arroz salteado com batata-doce e especiarias, 96, **97**
molho de pimenta
    Sanduba de feijão-preto com maionese picante de coco, **170**, 170-1
molho de tomate
    marinara caseiro, 176
molho picante
    tipos de, ingredientes básicos, 18
    Petisco picante de couve-flor assada com molho de amendoim, 156, **157**
    Sanduba de feijão-preto com maionese picante de coco, **170**, 170-1
molhos para saladas, 63
    molho de cenoura assada e cominho, 64, **64**, 65
    molho de gergelim torrado, 65, **65**
    molho de tahine, 60, 64, **64**
    vinagrete básico Thug Kitchen, **64**, 65
molhos
    Cumbuca de arroz integral com edamame e molho tamari com cebolinha, 39
    molho de curry vermelho e limão, 206
    molho marinara, 176

Petisco picante de couve-flor assada com molho de amendoim, 156, **157**
morango
    Shortcake com morango, 218, **219**, 220
    Smoothie salada de frutas, 56, **57**
    Waffles de milho com calda de morango, **42**, 43
muffins. *Veja também* scones
    Muffins de banana, nozes e manteiga de amendoim, 227
    Muffins de cenoura e maçã, 226

# N

"natural" na etiqueta das embalagens, 187
noodles. *Veja também* massas
    Berinjela grelhada com sobá, **88**, 89
    Cumbuca de primavera com molho de limão e curry vermelho, **204**, 205-6
    tipos de, ingredientes básicos, 18
    Noodles cítricos com pepino e cenoura, 103
    Noodles com tempeh, molho de amendoim e couve, 197
    Pad Thai de legumes com tofu frito sem óleo, **180**, 181-2, **182**
    Salada vietnamita com noodle de arroz, 78, **79**
    Sopa de legumes e noodles com caldo de gengibre e missô, **116**, 117
noodles de arroz
    Cumbuca de primavera com molho de limão e curry vermelho, **204**, 205-6
    Pad Thai de legumes com tofu frito sem óleo, **180**, 181-2, **182**
    Salada vietnamita com noodle de arroz, 78, **79**
    Sopa de legumes e noodles com caldo de gengibre e missô, **116**, 117
nozes (oleaginosas)
    Barrinha de café da manhã para viagem, 44
    Cookies de bolo de cenoura, 222
    Granola básica com maple syrup e algumas outras ideias, 34
    Muffins de banana, nozes e manteiga de amendoim, 227
    Orchata cremosa, 166, **167**
    Salada Caesar com amêndoa e croûtons caseiros, **66**, 67
    Sanduba de grão-de-bico e amêndoa defumada, **80**, 81
    Scones de mirtilo, nozes e lavanda, **224**, 225

# O

óleo
    guia para escolher, 174
    tipos de, ingredientes básicos, 18
óleo de gergelim
    Berinjela grelhada com sobá, **88**, 89
    guia para escolher óleos, 174
    marinada de gengibre e gergelim, 105
    molho de gergelim torrado, 65, **65**
orchata
    Orchata cremosa, 166, **167**

# P

Pad Thai
    Pad Thai de legumes com tofu frito sem óleo, **180**, 181-2, **182**
pãezinhos
    Pãezinhos com recheio de lentilha, 46, **47**
    Pãezinhos integrais, 45
painço
    Barrinha de café da manhã para viagem, 44
    Docinhos crocantes de painço e manteiga de amendoim, 214, **215**
    para cozinhar, 23
    Pilaf de painço e brócolis assado, 71
panquecas
    mistura caseira para, 40
    Panqueca de aveia com calda de mirtilo, 48-9
    Panqueca integral de banana, 41
pão de fermentação natural
    Rabanada com sementes, **50**, 51
para medir ingredientes secos, 14-5
para medir líquidos, 14-5
pasta de curry vermelho
    Cumbuca de primavera com molho de limão e curry vermelho, **204**, 205-6
    Curry de manga, 186
    molho de curry vermelho e limão, 206
pastas. *Veja também* salsa
    Guacamole de abacaxi, 155
    Homus de feijão-branco e alecrim, 137, **138-9**
    Pasta de feijão-carioquinha e cominho, 136, **138-9**
    Pasta de feijão-preto e coentro, **138**, 141
    Petisco de milho-verde e feijão--fradinho, **139**, 140
pepino
    Noodles cítricos com pepino e cenoura, 103
    Picles rápidos de pepino e cebola, 148

pêssego
    Burritos de feijão barbecue com salsa de pêssego grelhado, 200, **201**
    Chá gelado de pêssego e hortelã, 159
    Salsa de pêssego grelhado, **150**, 151
petiscos. *Veja também* chips; pastas; salsa
    Petisco picante de couve-flor assada com molho de amendoim, 156, **157**
    Picles picantes de cenoura, **146**, 147
    Picles rápidos de pepino e cebola, 148
    Pipoca de panela com ervas, 144, **145**
picles de legumes
    Picles picantes de cenoura, **146**, 147
    Picles rápidos de pepino e cebola, 148
picolé
    Picolés de fudge de chocolate, 210, **211**
pilaf
    Pilaf de painço e brócolis assado, 71
pimenta verde
    Flautas assadas de milho e pimenta verde, 90, **91**
pimentão
    Chilaquiles de tofu e legumes, 32, **33**
    como tostar, **189**, 189
    Espaguete com molho aveludado de pimentão vermelho, abobrinha e manjericão, 188
    Pimentão com recheio de cevadinha, 87
pipoca
    Pipoca de panela com ervas, 144, **145**
pratos principais
    Burritos de brócolis e grão-de-bico tostado, **192**, 192-3
    Burritos de feijão barbecue com salsa de pêssego grelhado, 200, **201**
    Cumbuca de primavera com molho de limão e curry vermelho, **204**, 205-6
    Cumbucas, 202-3, **203**
    Curry de manga, 186
    Enchiladas de batata-doce, abobrinha e feijão-preto, 183-4, **185**
    Espaguete com molho aveludado de pimentão vermelho, abobrinha e manjericão, 188
    Fettuccine com creme de couve-flor e ervas frescas, 191
    Hambúrguer de feijão-branco e lentilha vermelha, 198, **199**
    Lasanha de cogumelo e espinafre, 178, **179**
    Noodles com tempeh, molho de amendoim e couve, 197
    Pad Thai de legumes com tofu frito sem óleo, **180**, 181-2, **182**

Ravióli cremoso com molho marinara caseiro, 175-7, **177**
Sanduba de feijão-preto com maionese picante de coco, **170**, 170-1
Tacos de couve-flor assada com cerveja e limão e salada de coentro, 194, **195**, 196
Tacos de lentilha com salada de cenoura e jicama, 172, **173**
produtos de origem animal, riscos para a saúde, 27

## Q

quiabo
    Mexidinho assado de quiabo e batata, 54
quinoa
    Barrinha de café da manhã para viagem, 44
    Mingau de aveia com quinoa, 31
    para cozinhar, 23-4
    Quinoa com limão e hortelã, 72
    Salada de quinoa e beterraba assada, 77

## R

rabanada
    Rabanada com sementes, **50**, 51
ravióli
    Ravióli cremoso com molho marinara caseiro, 175-7, **177**
receitas. *Veja também* as receitas listadas nos ingredientes específicos
    baseadas em hortaliças, 27
    básicas de cereais, 22-4
    básicas de leguminosas, 19, 22
    como medir ingredientes, 14-5
    ler antes de cozinhar, 14
    o guia Thug Kitchen, 12-3
    substituindo ingredientes, 15-6
    temperando, 15
refeições baseadas em hortaliças
    benefícios, 12, 27
    soja, 82
refrigerantes, 213
repolho
    Cole slaw cremosa com amendoim, 99, **100**
    Minestrone contra o frio, **120**, 121
    Pad Thai de legumes com tofu frito sem óleo, **180**, 181-2, **182**
    Repolho e batata braseados, 76
    Salada rápida de limão e coentro, 196

rolinhos tailandeses
    Rolinhos tailandeses com gengibre e cogumelo, 84, **85**, 86

## S

sabores, para incrementar, 153
sagu
    Sagu com pêssego e amêndoa, **216**, 217
sal, substitutos para, 153
saladas. *Veja também* slaw
    Salada Caesar com amêndoa e croûtons caseiros, **66**, 67
    Salada de quinoa e beterraba assada, 77
    Salada de batata assada com ervas frescas, 73
    Sanduba de grão-de-bico e amêndoa defumada, **80**, 81
    Salada vietnamita com noodle de arroz, 78, **79**
    como montar, 62-3
salsa
    Burritos de feijão barbecue com salsa de pêssego grelhado, 200, **201**
    Salsa adocicada de ervas frescas, 152
    Salsa de pêssego grelhado, **150**, 151
    Salsa de tomate na brasa, **150**, 152
    Salsa de verão, 149
    Salsa verde, 154
sanduíches. *Veja também* saladas; minirrefeições
    Hambúrguer de feijão-branco e lentilha vermelha, 198, **199**
    Sanduba de feijão-preto com maionese picante de coco, **170**, 170-1
    Sanduba de grão-de-bico e amêndoa defumada, **80**, 81
    Sanduíche de tempeh e cenoura, 83
    Wraps de grão-de-bico picante com molho de tahine, 60, **61**
scones
    Scones de mirtilo, nozes e lavanda, **224**, 225
shortcake
    Shortcake com morango, **219**, 220
slaw
    Cole slaw cremosa com amendoim, 99, **100**
    Salada rápida de limão e coentro, 196
    Tacos de couve-flor assada com cerveja e limão e salada de coentro, 194, **195**, 196
    Tacos de lentilha com salada de cenoura e jicama, 172, **173**

smoothies
    Smoothie salada de frutas, 56, **57**
    de hortaliças, 55
sobá (massa; noodles)
    Berinjela grelhada com sobá, **88**, 89
    ingredientes básicos, 18
    Noodles cítricos com pepino e cenoura, 103
    Sopa de legumes e noodles com caldo de gengibre e missô, **116**, 117
sobremesas
    Bolo de banana com maple e aveia, 221
    Bolo de fubá com coco, 228, **229**
    Chantili, 220, **220**
    Cookies de bolo de cenoura, 222
    Cookies de chocolate e amêndoa, **164**, 223
    Docinhos crocantes de painço e manteiga de amendoim, 214, **215**
    Muffins de banana, nozes e manteiga de amendoim, 227
    Muffins de cenoura e maçã, 226
    Picolés de fudge de chocolate, 210, **211**
    Sagu com pêssego e amêndoa, **216**, 217
    Scones de mirtilo, nozes e lavanda, **224**, 225
    Shortcake com morango, 218, **219**, 220
    Tangerina com chocolate, 212
    Torta de banana com creme, 230-1
sódio, consumo em excesso, 153
sopas e cozidos
    caldo de legumes a partir de sobras, 114, **115**
    Chili de abóbora, 125
    Chowder de milho-verde e manjericão, 123
    Minestrone contra o frio, **120**, 121
    Pozole rojo, 118, **119**
    Sopa de abobrinha para esquentar, 122
    Sopa de batata e alho-poró, 124
    Sopa de casamento de almôndegas de feijão com couve, 131-2, **132**
    Sopa de grão-de-bico com massa fresca, **128**, 129-30, **130**
    Sopa de legumes e noodles com caldo de gengibre e missô, **116**, 117
    Sopa de lentilha vermelha com limão, 113
    Sopa de tortilha, 126, **127**
substituições em receitas, 15-6
suco de laranja
    marinada cítrica adocicada, 105
    Noodles cítricos com pepino e cenoura, 103
suco de pêssego
    Sagu com pêssego e amêndoa, **216**, 217

sucos cítricos para incrementar o sabor, 153

# T

tacos
    Tacos com mexido de tofu, 36, **37**
    Tacos de couve-flor assada com cerveja e limão e salada de coentro, 194, **195**, 196
    Tacos de lentilha com salada de cenoura e jicama, 172, **173**
tahine
    molho de tahine, 60, 64, **64**
    Wraps de grão-de-bico picante com molho de tahine, 60, **61**
tamari
    Cumbuca de arroz integral com edamame e molho tamari com cebolinha, 39
tangerina
    Tangerina com chocolate, 212
tempeh, 82
    Sanduíche de tempeh e cenoura, 83
    Noodles com tempeh, molho de amendoim e couve, 197
temperando as receitas, 15
tofu, 82
    Chilaquiles de tofu e legumes, 32, **33**
    como assar, 104
    Cumbuca de primavera com molho de limão e curry vermelho, **204**, 205-6
    Curry de manga, 186
    Espaguete com molho aveludado de pimentão vermelho, abobrinha e manjericão, 188
    Pad Thai de legumes com tofu frito sem óleo, **180**, 181-2, **182**
    Picolés de fudge de chocolate, 210, **211**
    Ricota de tofu, 177
    Tacos com mexido de tofu, 36, **37**
    Tofu frito sem óleo, 182, **182**
tomate
    molho marinara, 176
    Salsa de tomate na brasa, **150**, 152
    Salsa de verão, 149
tomatillo
    Salsa verde, 154
torta
    Torta de banana com creme, 230-1
tortilhas
    Burritos de brócolis e grão-de-bico tostado, **192**, 192-3
    Burritos de feijão barbecue com salsa de pêssego grelhado, 200, **201**

Chilaquiles de tofu e legumes, 32, **33**
Enchiladas de batata-doce, abobrinha e feijão-preto, 183-4, **185**
Flautas assadas de milho e pimenta verde, 90, **91**
Sopa de tortilha, 126, **127**
Tacos com mexido de tofu, 36, **37**
Tacos de couve-flor assada com cerveja e limão e salada de coentro, 194, **195**, 196
Tacos de lentilha com salada de cenoura e jicama, 172, **173**
tubérculos
    Tubérculos crocantes, 199, **199**

# U

udon (massa, noodles)
    ingredientes básicos, 18
    Sopa de legumes e noodles com caldo de gengibre e missô, **116**, 117
utensílios básicos de cozinha, 17, 18, 17-8

# V

verduras. *Veja também* alface; couve; espinafre
    Couve matinal, 35, **47**
    como base para salada, 62
    Feijão-fradinho defumado com batata-doce assada e verduras, 92-3
    Verduras refogadas, 108
vinagre
    tipos de, ingredientes básicos, 18
    para incrementar o sabor, 153
vinagrete
    vinagrete básico Thug Kitchen, **64**, 65

# W

waffles
    Waffles de milho com calda de morango, **42**, 43
wraps
    Wraps de alface, ervilha seca e cebolinha, 106, **107**
    Wraps de grão-de-bico picante com molho de tahine, 60, **61**
xarope. *Veja também* maple syrup
    Waffles de milho com calda de morango, **42**, 43